YÂSÎN

DİNİ BİLGİLER SERİSİ

ISBN: 978-9944-219-20-4
KOD: YASİN004

T.C.
Kültür ve Turizm Bakanlığı
Sertifika No: 15898

whatsapp hattı
+90 543 327 3 727

instagram
@merveyayinevi

facebook
/merveyayinevi

Yayın Koordinatörü
Mustafa Dağlı

Yayın Yönetmeni
Salih Başpehlivan

Baskı Hazırlık
DBY Ajans

Tashih
Abdürrahim Çakay

Hat
Fatih Araz

Kapak Tasarım
Sercan Arslan

Baskı Tarihi
İstanbul, 2018

Baskı ve Cilt
Zafer Matbaacılık
Maltepe Mah. Litros Yolu
Fatih Sanayi Sitesi, No: 12/117
Topkapı / İstanbul
Tel: 0212 612 24 31
(Sertifika No: 13941)

MERVE YAYINLARI

MERVE BASIM YAYIN DAĞITIM SAN. ve TİC. LTD. ŞTİ.
Maltepe Mahallesi Litros Yolu Sokak. No:12
Fatih İş Merkezi No:160 Zeytinburnu / İstanbul
Telefon : + 90 212 612 45 00 • Fax: + 90 212 45 11
www.merveyayinevi.com • info@merveyayinevi.com

444 1 775
Türkiye'nin her yerinde

KUR'AN OKUMANIN FAZİLETİ

- Hz. Peygamber (s.a.v.); **"Allah katında Kur'an'dan daha üstün şefaatçi yoktur. Ne peygamber, ne melek ve ne de başkaları"** buyurdu. *(Abdülmelik, Taberani)*
- Hz. Peygamber (s.a.v.); **"Ümmetimin en faziletli ibadeti, Kur'an okumaktır."** buyurdu. *(Ebu Nuaym)*
- Hz. Peygamber (s.a.v.); **"İlim isterseniz Kur'an-ı Kerîm'i karıştırın, O'nu inceleyin. Çünkü evvelin ve ahirin ilmi ordadır."** buyurdu. *(İbn-i Mes'ud)*
- Hz. Peygamber (s.a.v.); **"Kur'an okuyun, zira her harfine Allah on sevap verecektir. Ben "Elif-lam-mim" bir harftir demem. Elif, lam, mim'in herbiri ayrı ayrı birer harftir."** buyurdu. *(İbn-i Mes'ud)*
- Hz. Peygamber (s.a.v.); **"Hangi evde Kur'an-ı Kerîm okunursa orada bolluk, bereket çoğalır, şeytanlar uzaklaşır ve melekler oraya hücum eder."** buyurdu. *(Ebu Hureyre)*
- Hz. Peygamber (s.a.v.); **"Kur'an kalbî ve bedenî hastalıklara, dünya ve ahiret hastalıkları için tam bir şifadır."** buyurdu. *(İbn-i Kayyım)*
- Hz. Peygamber (s.a.v.); **"Sabah namazını müteakip Kur'an'ı açıp 100 ayet okuyan kimseye, Hak Teala yeryüzündeki insanların sayısı kadar sevap verir."** buyurdu. *(Amr bin Meymun)*
- Hz. Peygamber (s.a.v.); **"Ey Ebû Zer! "Kur'an'dan bir ayet öğrenmen senin için yüz rekat (nafile) namaz kılmandan daha hayırlıdır."** buyurdu. *(İbn-i Mace - Mukaddime)*

YÂ-SÎN-İ ŞERİF SÛRESİNİN FAZİLETİ

- Mâlik bin Yesâr (r.a)'dan rivâyet edilmiştir: Peygamber (s.a.v.); **"Kur'ân'ın kalbi Yâ-sîn-i Şerif'tir. Kim onu Allah rızâsını talep ederek ve âhiret sevabı için okursa, Allah onun günahlarını mağfiret eder. Onu ölülerinizin üzerine okuyunuz."** buyurdu. *(Neseî, İmam-ı Ahmed, Beyhakî)*
- Ebû Hureyre (ra)'dan rivâyet edilmiştir. Peygamber (s.a.v.) şöyle buyurdu: **"Kim bir gecede, Allah rızâsı için Yâ-sîn'i okursa günahları affolunur."** *(İmam Mâlik, Beyhakî, Tirmizî)*
- Enes (ra)'den rivâyet edilmiştir; Rasûlullah (s.a.v.) şöyle buyurdu: **"Her şeyin bir kalbi vardır ve Kur'ân'ın kalbi de Yâ-sîn'dir. Her kim Sûre-i Yâ-sîn'i okursa, Allah ona bu sûreyi okuması sebebiyle Kur'ân'ı on kere okumuş kadar sevap ihsan eder."** *(Tirmîzî, 5813)*

Hz. Ali (ra)'den rivâyet edildiğine göre Rasûlullah (s.a.v.) kendilerine şöyle demiştir:

"Yâ Ali! Yâ-sîn Sûresi'ni oku, zira Yâ-sîn sûresi'nde on bereket vardır:

1- Yitiği olan okursa, yitiğine kavuşur,

2- Mahkûm okursa, hapisten kurtulur,

3- Çıplak okursa, giydirilir,

4- Onu okuyan aç, doyar,

5- Bekâr okursa, evlendirilir,

6- Yolcu okursa, yolculuğunda yardım görür,

7- Susuz okursa, suya kanar,

8- Hasta okursa, âfiyet bulup iyileşir,

9- Korku içinde olan okursa, korktuğundan emin olur,

10- Ölümcül hastanın yanında okunsa, elem ve ızdırabı hafifler.

- Hz. Âişe (ra)'dan; **"Muhakkak ki Kur'ân'da bir sûre vardır. Kendisini çok okuyana şefaat eder. Dinleyen ise mağfiret olunur. O, Sûre-i Yâ-sîn'dir."**

TEVBE İSTİĞFAR DUÂSI

Allah Resûlü (s.a.v.) şöyle buyurmaktadır:
“Günahlarından tevbe eden hiç günah işlememiş gibidir.”

اَسْتَغْفِرُ اللّٰهَ، اَسْتَغْفِرُ اللّٰهَ، اَسْتَغْفِرُ اللّٰهَ الْعَظِيمَ
الْكَرِيمَ اَلرَّحِيمَ اَلَّذِى لَاۤ اِلٰهَ اِلَّا هُوَ اَلْحَىَّ الْقَيُّومَ
وَ أَتُوبُ اِلَيْهِ تَوْبَةَ عَبْدٍ ظَالِمٍ لِنَفْسِهِ لَا يَمْلِكُ
لِنَفْسِهِ مَوْتًا وَلَا حَيَاةً وَلَا نُشُورًا وَاَسْأَلُهُ التَّوْبَةَ
وَالْمَغْفِرَةَ وَالْهِدَايَةَ لَنَا اِنَّهُ هُوَ التَّوَّابُ الرَّحِيمُ

TEVBE İSTİĞFAR DUÂSI

اَللّٰهُمَّ اِنِّى اَسْأَلُكَ مِنْ خَيْرِ مَا سَأَلَكَ مِنْهُ نَبِيُّكَ مُحَمَّدٌ
وَنَعُوذُ بِكَ مِنْ شَرِّ مَا اسْتَعَاذَكَ مِنْهُ نَبِيُّكَ مُحَمَّدٌ
صَلَّى اللّٰهُ عَلَيْهِ وَسَلَّمَ وَاَنْتَ الْمُسْتَعَانُ وَعَلَيْكَ
الْبَلَاغُ وَلَا حَوْلَ وَلَا قُوَّةَ اِلَّا بِاللّٰهِ الْعَلِيِّ الْعَظِيمِ

TEVBE İSTİĞFAR DUÂSI

OKUNUŞU: Estağfirullâh, Estağfirullâh, Estağfirullâhe'l-'azîm, el-kerîme, er-rahîme, ellezî lâ ilâhe illâ hû, el-hayye'l-kayyûme ve etûbü ileyh, tevbete 'abdin zâlimin li-nefsihî, lâ yemlikü li-nefsihî mevten ve lâ hayâten ve lâ nuşûrâ. Ve es'eluhu't-tevbete ve'l-mağfirete ve'l-hidâyete lenâ, innehu hüve't-tevvâbu'r-rahîm.

ANLAMI: Tevbe ettim yâ Râbbi! Tevbe ettim yâ Râbbi! Tevbe ettim yâ Râbbi, al-Âzîm (çok yücesin), el-Kerîm (çok cömertsin), er-Rahîm (çok merhamet edicisin), O öyle bir Allah ki, her zaman ayakta ve ölümü olmayan bir Allah'tır, ondan başka ilâh yoktur. Allah'a tevbe ediyorum, o, öyle bir tevbe ki, nefsini ne öldürebilecek, ne de yaşatabilecek âciz ve zâlim bir kulun tevbesiyle tevbe ediyorum. Ve Allah'dan tevbe, bağışlanma ve hidâyet istiyorum. Çünkü O (Allah) bütün tevbeleri kabul eden çok merhametlidir.

TÜM DUÂLARI KAPSAYAN DUÂ

OKUNUŞU: Allâhümme innî es'elüke min hayri mâ seeleke minhü nebiyyüke muhammedün ve neûzü bike min şerri mesteâzeke minhü nebiyyüke muhammedün sallellâhü aleyhi ve selleme ve entel müsteânü ve aleykel belâğu ve lâ havle ve lâ kuvvete illâ billâhil aliyyil azîm.

ANLAMI: "Allah'ım muhakkak ben Peygamberin Muhammed (s.a.v.)'in, Zat-ı Ecelli Âla'ndan istediği hayırlı şeylerin en hayırlısını isterim. Senin Peygamberin Muhammed (s.a.v.)'in Senden istiaze ettiği şeylerin şerrinden de Sana sığınırım Allah'ım. Yardım ancak Zat-ı Ecelli Âla'ndan beklenir. Dünyada da ahirette de istenilen şeye ulaştıracak ancak Sensin. Kuvvet ve kudret ancak Senin yardımınla gerçekleşir Allah'ım!"

KUR'AN OKUMAYA BAŞLARKEN OKUNACAK DUA

Hz. Peygamber (s.a.v.) şöyle buyurdu:

"Her kim Kur'ân-ı Kerim okumayı murat ettiğinde evvela bu duâyı okuyarak başlarsa okumuş olduğu Kur'ân'ın her harfine elli bin hasene verilir." *(Müslim)*

اَللّٰهُمَّ بِالْحَقِّ اَنْزَلْتَهُ وَبِالْحَقِّ نَزَلَ ۝ اَللّٰهُمَّ
عَظِّمْ رَغْبَت۪ي ف۪يهِ وَاجْعَلْهُ نُورًا لِبَصَر۪ي
وَشِفَاءً لِصَدْر۪ي ۝ اَللّٰهُمَّ زَيِّنْ بِه۪ لِسَان۪ي
وَجَمِّلْ بِه۪ وَجْه۪ي وَقَوِّ بِه۪ جَسَد۪ي وَارْزُقْن۪ي
تِلَاوَتَهُ عَلٰى طَاعَتِكَ اٰنَاءَ الَّيْلِ وَاَطْرَافَ
النَّهَارِ وَاحْشُرْنَا مَعَ النَّبِيِّ مُحَمَّدٍ صَلَّى
اللّٰهُ تَعَالٰى عَلَيْهِ وَسَلَّمَ وَاٰلِهِ الْاَخْيَارِ ۝

KUR'AN OKUMAYA BAŞLARKEN OKUNACAK DUA

Hz. Peygamber (s.a.v.) şöyle buyurdu:

"Herhangi bir cemaat bir evde toplanıp da Kur'an-ı Kerim'i okur, (aralarında muhabbet musafaha mutalaa mukabele ederler)**se kalpleri sükunet bulur, rahat ederler. Allah'ın rahmeti onları kaplar, melekler onları kuşatır, Allah Teâlâ da onları kendi nezdindekiler arasında zikreder."** *(Ebu Hureyre)*

OKUNUŞU

Allâhümme bi'l-hakkı enzeltehû ve bi'l-hakkı nezel * Allahümme 'azzim rağbetî fîhi ve-c'alhü nûran li-basarî ve şifa'en li-sadrî * Allahümme zeyyin bihî lisânî ve cemmil bihî vechî ve kavvi bihî cesedî ve-rzuknî tilâvetehu 'alâ tâ'atike ânâ'e'l-leyli ve etrâfe'n-nehâri ve-hşurnâ ma'a'n-nebiyyi muhammedin sallallâhu te'âlâ 'aleyhi ve sellem, ve âlihi'l-ahyâr. *

MÂNÂSI

Ey Allah'ım, Kur'ân'ı hak ile indirdin, o da hak ile indi. Allah'ım, Kur'ân'a olan rağbetimi artır, onunla dilimi süsle, yüzümü güzelleştir, vücuduma kuvvet ver. Bütün gece ve gündüzün vakitlerinde onu okuyarak sana itaat etmekle beni rızıklandır. Beni Peygamber efendimiz (s.a.v) ve onun hayırlı ehliyle birlikte dirilt.

SÛRELERİ OKUMANIN FAZİLETİ

MÜLK (TEBÂREKE) SÛRESİ

Resulüllah (s.a.v) buyurdular ki: **"Kur'ân'da otuz âyetlik öyle bir sûre vardır ki, kıyâmet günü bu sûrenin şefaat etmesiyle kişi cehennemden çıkarılır, cennete sokulur. O 'Tebâreke' sûresidir."** *(Tirmizî)*

* **"Her gece Mülk sûresini okuyandan Yüce Allah kabir azâbını kaldırır. Ümmetimden her kişinin kalbinde Mülk sûresinin bulunmasını isterim."** *(Câmiüs-sagir)*

AMME SÛRESİ

Resulüllah (s.a.v) buyurdular ki: **"Her kim Amme sûresini sürekli olarak ikindi namazının ardından okursa Yüce Allah o kimsenin rızkını artırır, dünyadan âhiretteki yerini görmeden çıkmaz."**

* "Uykusuzluktan muzdarip olan 'Vecealna nevmeküm sübata' âyetini okumaya devam ederse içinde bulunduğu dertten kurtulur."

VÂKIA SÛRESİ

Resulüllah (s.a.v) buyurdular ki: **"Her gece Vâkıa sûresini okuyan fakirlik görmez. Vâkıa sûresi zenginlerin sûresidir. Onu okuyunuz ve evlatlarınıza öğretiniz."** *(Beyhakî)*

SÛRELERİ OKUMANIN FAZİLETİ

DUHÂN SÛRESİ

Resulüllah (s.a.v) buyurdular ki: **"Duhân sûresini geceleyin okuyan kimseye yetmiş bin melaike sabaha kadar istiğfar ederler, affolmasını yüce Allah'tan niyaz ederler."** *(Tirmizî)*

* **"Duhân sûresini Cuma geceleri okuyan kimse affolunur."** *(Tirmizî)*

FETİH SÛRESİ

Resulüllah (s.a.v) buyurdular ki: **"Bu gece bana bir sûre (İnna fetahna leke fethan mübina...) indirildi ki, bana dünyada ve içinde bulunanlardan daha hayırlıdır."** *(Buhari, Müslim)*

* **"Fetih sûresini okuyan kimse Mekke-i Mükerreme'nin fethinde şehit olan ashâbın sevabı gibi sevap alır."** *(İmam-ı Salebi)*

RAHMÂN SÛRESİ

Resulüllah (s.a.v) bir gün ashâbının huzuruna çıktı ve Rahmân sûresini baştan sona okudu. Hepsi de sustular. Bunun üzerine; **"Ben bu sûreyi cinlere de okudum, onlar sizden daha güzel karşılık verdiler. Şöyle ki; Cenab-ı Hakkın; Rabbinizin hangi nimetini yalanlarsınız? Değerli kavlini her okuyuşumda şöyle diyorlardı: Ey Rabbimiz! biz nimetlerden hiçbir şeyi yalanlayamayız, bütün hamdler sanadır."** *(Cabir, Kütüb-ü Sitte Hadis no: 807)*

سُورَةُ الْفَاتِحَةِ

بِسْمِ اللّٰهِ الرَّحْمٰنِ الرَّح۪يمِ ﴿١﴾
اَلْحَمْدُ لِلّٰهِ رَبِّ الْعَالَم۪ينَۙ ﴿٢﴾
اَلرَّحْمٰنِ الرَّح۪يمِۙ ﴿٣﴾ مَالِكِ
يَوْمِ الدّ۪ينِۜ ﴿٤﴾ اِيَّاكَ نَعْبُدُ وَاِيَّاكَ
نَسْتَع۪ينُۜ ﴿٥﴾ اِهْدِنَا الصِّرَاطَ
الْمُسْتَق۪يمَۙ ﴿٦﴾ صِرَاطَ الَّذ۪ينَ
اَنْعَمْتَ عَلَيْهِمْۙ غَيْرِ الْمَغْضُوبِ
عَلَيْهِمْ وَلَا الضَّٓالّ۪ينَ ﴿٧﴾

FÂTİHA SÛRESİ

Mekke'de inmiştir.
7 ayettir.

1- Rahmân ve Rahîm olan Allah'ın adıyla, **2-** Hamd, âlemlerin Rabbi olan Allah'a mahsustur. **3-** O, Rahmân'dır, Rahîm'dir. **4-** O, din gününün sahibidir. **5-** Yârab, ancak sana kulluk ve ibadet eder, ancak senden yardım dileriz. **6-** Bizi doğru yola ilet! **7-** O kendilerine nimet verdiğin bahtiyarların yoluna; ne o gazap edilenlerin, ne de sapıtmışların!

Bismillâhi'r-rahmâni'r-rahîm (1)

Elhamdülillâhi rabbi'l-'âlemîn (2) Er-rahmâni'r-rahîm (3) Mâliki yevmi'd-dîn (4) İyyâke na'büdü ve iyyâke neste'în (5) İhdina's-sırâta'l-müstakîm (6) Sırâta'l-lezîne en'amte 'aleyhim, ğayri'l-mağdûbi 'aleyhim ve le'd-dâllîn (7) (Âmin)

BAKARA SÛRESİ

Medine'de inmiştir, 286 âyettir.

Rahmân ve Rahîm olan Allah'ın adıyla,

1- Elif, Lâm, Mîm. 2- İşte kendisinde bir şüphe olmayan bu kitap; sakınanlar için hidâyetin tâ kendisidir. 3- Onlar ki, gaybe inanıp namazı dürüst kılarlar ve kendilerine verdiğimiz rızıklardan –Allah için– harcarlar. 4- Ve onlar ki, hem sana indirilene îmân ederler, hem senden evvel indirilene. Bunlar, âhirete de kesin olarak inanırlar. 5- İşte bunlar, Rablerinden bir hidâyet üzeredirler ve işte bunlar, o murâda eren kurtulmuşlardır.

سُورَةُ الْبَقَرَةِ

بِسْمِ اللّٰهِ الرَّحْمٰنِ الرَّح۪يمِ

الٓمٓ ﴿١﴾ ذٰلِكَ الْكِتَابُ لَا رَيْبَ ۚ ف۪يهِ ۚ هُدًى
لِلْمُتَّق۪ينَۙ ﴿٢﴾ اَلَّذ۪ينَ يُؤْمِنُونَ بِالْغَيْبِ
وَيُق۪يمُونَ الصَّلٰوةَ وَمِمَّا رَزَقْنَاهُمْ
يُنْفِقُونَۙ ﴿٣﴾ وَالَّذ۪ينَ يُؤْمِنُونَ بِمَٓا اُنْزِلَ
اِلَيْكَ وَمَٓا اُنْزِلَ مِنْ قَبْلِكَۚ وَبِالْاٰخِرَةِ
هُمْ يُوقِنُونَۜ ﴿٤﴾ اُو۬لٰٓئِكَ عَلٰى هُدًى مِنْ
رَبِّهِمْ وَاُو۬لٰٓئِكَ هُمُ الْمُفْلِحُونَ ﴿٥﴾

Bismillâhi'r-rahmâni'r-rahîm

Elif, lâm-mîm (1) Zâlike'l-kitâbü lâ raybe fîh, hüde'l-li'l-müttekîn (2) Ellezîne yü'minûne bi'l-ğaybi ve yukîmûne's-salâte ve mimmâ razaknâhüm yünfikûn (3) Ve'l-lezîne yü'minûne bi-mâ ünzile ileyke ve mâ ünzile min kablik ve bi'l-âhirati hüm yûkınûn (4) Ulâ'ike 'alâ hüde'm-mi'r-rabbihim ve ulâ'ike hümü'l-müflihûn (5)

آيَةُ الْكُرْسِى | AYETE'L-KÜRSÎ (BAKARA 255. Âyet)

بِسْمِ اللّٰهِ الرَّحْمٰنِ الرَّح۪يمِ

اَللّٰهُ لَٓا اِلٰهَ اِلَّا هُوَۚ اَلْحَيُّ الْقَيُّومُۚ لَا تَاْخُذُهُ
سِنَةٌ وَلَا نَوْمٌۜ لَهُ مَا فِي السَّمٰوَاتِ وَمَا
فِي الْاَرْضِۜ مَنْ ذَا الَّذ۪ي يَشْفَعُ عِنْدَهُٓ اِلَّا
بِاِذْنِه۪ۜ يَعْلَمُ مَا بَيْنَ اَيْد۪يهِمْ وَمَا خَلْفَهُمْۚ
وَلَا يُح۪يطُونَ بِشَيْءٍ مِنْ عِلْمِه۪ٓ اِلَّا بِمَا شَٓاءَۚ
وَسِعَ كُرْسِيُّهُ السَّمٰوَاتِ وَالْاَرْضَۚ وَلَا
يَؤُدُهُ حِفْظُهُمَاۚ وَهُوَ الْعَلِيُّ الْعَظ۪يمُ ﴿٢٥٥﴾

Efendimiz (s.a.v.) buyurdu ki;

"Her kim farz namazın arkasından Âyete'l-Kürsî'yi okursa, diğer namaza kadar Allah (cc)'ın zimmetinde olur."

OKUNUŞU

Bismillâhi'r-rahmâni'r-rahîm.

Allâhü lâ ilâhe illâ hû, el-hayyû'l-kayyûm. Lâ te'huzuhû sinetu'v-ve lâ nevm. Lehû mâ fi's-semâvâti ve mâ fi'l-erd. Men zellezî yeşfe'u 'indehû illâ bi-iznih. Ya'lemü mâ beyne eydîhim ve mâ halfehüm ve lâ yuhîtûne bi-şey'i'm-min 'ilmihî illâ bi-mâ şâe', vesi'a kürsiyyühü's-semâvâti ve'l-erd, ve lâ ye'ûduhû hifzuhumâ ve hüve'l-'aliyyü'l-'azîm (255)

MEÂLİ

Rahmân ve Rahîm olan Allah'ın adıyla.

255- Allah ki, başka bir ilah yok, ancak O var. O, daima diri, daima var olan, bütün varlıkları ayakta tutandır. O'nu ne gaflet basar, ne de uyku. Göklerde ve yerde ne varsa hepsi O'nundur. O'nun izni olmadan huzurunda şefaat etmek kimin haddine? Onların önlerinde olanları da, arkalarında olanları da, hepsini bilir. Onlar ise, O'nun dilediği kadarından başka ilahi ilminden hiçbir şey kavrayamazlar. O'nun kürsüsü, bütün gökleri ve yeri kucaklamıştır. Her ikisini de görüp gözetmesi ona bir ağırlık vermez. O çok ulu, çok büyüktür.

اٰمَنَ الرَّسُولُ | ÂMENE'R-RASÛLÜ

(BAKARA 285-286 Âyet)

بِسْمِ اللّٰهِ الرَّحْمٰنِ الرَّحِيمِ

اٰمَنَ الرَّسُولُ بِمَٓا اُنْزِلَ اِلَيْهِ مِنْ رَبِّهٖ وَالْمُؤْمِنُونَۜ
كُلٌّ اٰمَنَ بِاللّٰهِ وَمَلٰٓئِكَتِهٖ وَكُتُبِهٖ وَرُسُلِهٖۜ لَا نُفَرِّقُ بَيْنَ
اَحَدٍ مِنْ رُسُلِهٖ وَقَالُوا سَمِعْنَا وَاَطَعْنَا غُفْرَانَكَ رَبَّنَا
وَاِلَيْكَ الْمَصِيرُ ﴿٢٨٥﴾ لَا يُكَلِّفُ اللّٰهُ نَفْسًا اِلَّا وُسْعَهَاۜ
لَهَا مَا كَسَبَتْ وَعَلَيْهَا مَا اكْتَسَبَتْۜ رَبَّنَا لَا تُؤَاخِذْنَٓا
اِنْ نَسِينَٓا اَوْ اَخْطَاْنَاۚ رَبَّنَا وَلَا تَحْمِلْ عَلَيْنَٓا اِصْرًا
كَمَا حَمَلْتَهُ عَلَى الَّذِينَ مِنْ قَبْلِنَاۚ رَبَّنَا وَلَا تُحَمِّلْنَا
مَا لَا طَاقَةَ لَنَا بِهٖۚ وَاعْفُ عَنَّا وَاغْفِرْ لَنَا وَارْحَمْنَا
اَنْتَ مَوْلٰينَا فَانْصُرْنَا عَلَى الْقَوْمِ الْكَافِرِينَ ﴿٢٨٦﴾

OKUNUŞU

Bismillâhi'r-rahmâni'r-rahîm.

Amene'r-rasûlü bi-mâ ünzile ileyhi mi'r-rabbihî ve'l-mü'minûn. Küllün âmene billâhi ve melâ'iketihî ve kütübihî ve rusulih. Lâ nüferriku beyne ehadi'm-mi'r-rusulih. Ve kâlû semi'nâ ve eta'nâ ğufrâneke rabbenâ ve ileyke'l-masîr (285) Lâ yükellifullahü nefsen illâ vüs'ahâ, lehâ mâ kesebet ve 'aleyhâ mektesebet. Rabbenâ lâ tu'âhiznâ in-nesînâ ev ahta'nâ. Rabbenâ ve lâ tahmil 'aleynâ isran kemâ hameltehû 'ale'l-lezîne min kablinâ. Rabbenâ ve lâ tühammilnâ mâ lâ tâkate lenâ bih. Va'fü 'annâ, va-ğfir lenâ, ve-rhamnâ, ente mevlânâ fe-nsurnâ 'ale'l-kavmi'l- kâfirîn (286)

MEÂLİ

Rahmân ve Rahîm olan Allah'ın adıyla.

285- Peygamber ve mü'minler, kendilerine Rabbinden ne
indirildiyse ona îmân ettiler. Her biri Allah'a, meleklerine,
kitaplarına ve "peygamberlerinden hiç birisinin arasını ayırmayız"
diyerek peygamberlerine îmân getirdiler ve dediler ki: "Ey
Rabbimiz, işittik ve itaat ettik, bağışlamanı diliyoruz, dönüş
sanadır!" 286- Allah, kimseye gücünden fazlasını teklif etmez.
Herkesin kazandığı iyilikler lehine, yüklendiği günahlar da
aleyhinedir. "Ey Rabbimiz, eğer unuttuk veya kasıtsız olarak
yaptıysak, bizi sorumlu tutma! Ey Rabbimiz, bize, bizden
öncekilere yüklediğin gibi ağır yük yükleme! Ey Rabbimiz, bize
gücümüzün yetmeyeceği şeyi yükletme ve bizim günahlarımızı
bağışla, bizlere affını reva gör, rahmetini ihsan eyle! Sensin
mevlâmız, artık seni tanımayanlara karşı bize yardım eyle!"

لَوْ اَنْزَلْنَا

LEV ENZELNÂ
(HAŞR 21-24 Âyet)

بِسْمِ اللّٰهِ الرَّحْمٰنِ الرَّح۪يمِ

لَا يَسْتَو۪ٓي اَصْحَابُ النَّارِ وَاَصْحَابُ الْجَنَّةِۜ اَصْحَابُ الْجَنَّةِ
هُمُ الْفَٓائِزُونَ ﴿٢٠﴾ لَوْ اَنْزَلْنَا هٰذَا الْقُرْاٰنَ عَلٰى جَبَلٍ لَرَاَيْتَهُ
خَاشِعًا مُتَصَدِّعًا مِنْ خَشْيَةِ اللّٰهِۜ وَتِلْكَ الْاَمْثَالُ نَضْرِبُهَا
لِلنَّاسِ لَعَلَّهُمْ يَتَفَكَّرُونَ ﴿٢١﴾ هُوَ اللّٰهُ الَّذ۪ي لَٓا اِلٰهَ اِلَّا هُوَۚ عَالِمُ
الْغَيْبِ وَالشَّهَادَةِۚ هُوَ الرَّحْمٰنُ الرَّح۪يمُ ﴿٢٢﴾ هُوَ اللّٰهُ الَّذ۪ي
لَٓا اِلٰهَ اِلَّا هُوَۚ اَلْمَلِكُ الْقُدُّوسُ السَّلَامُ الْمُؤْمِنُ الْمُهَيْمِنُ
الْعَز۪يزُ الْجَبَّارُ الْمُتَكَبِّرُۜ سُبْحَانَ اللّٰهِ عَمَّا يُشْرِكُونَ ﴿٢٣﴾ هُوَ
اللّٰهُ الْخَالِقُ الْبَارِئُ الْمُصَوِّرُ لَهُ الْاَسْمَٓاءُ الْحُسْنٰىۜ يُسَبِّحُ
لَهُ مَا فِي السَّمٰوَاتِ وَالْاَرْضِۚ وَهُوَ الْعَز۪يزُ الْحَك۪يمُ ﴿٢٤﴾

Bismillâhi'r-rahmâni'r-rahîm

**Lâ yestevî ashâbü'n-nâri ve ashâbü'l-cenneh, ashâbü'l-
cenneti hümü'l-fâ'izûn (20) Lev enzelnâ hâze'l-Kur'âne 'alâ
cebeli'l-lera'eytehû hâşi'a'm-mütesaddi'a'm-min haşyetillâh,
ve tilke'l-emsâlü nadribühâ li'n-nâsi le'allehüm yetefekkerûn
(21) Hüvallâhü'llezi lâ ilâhe illâ hû, 'âlimü'l-ğaybi ve'ş-şehâdeh,
hüve'r-rahmânü'r-rahîm (22) Hüvallâhüllezî lâ ilâhe illâ hû.
El-melikü'l-kuddûsü's-selâmü'l-mü'minü'l-müheyminü'l-
'azîzü'l-cebbâru'l-mütekebbir. Sübhânallâhi 'ammâ yüşrikûn
(23) Hüvallâhü'l-hâliku'l-bâri'ü'l-müsavviru lehü'l-esmâ'ü'l-
hüsnâ. Yüsebbihu lehû mâ fi's-semâvâti ve'l-erd, ve hüve'l-
'azîzü'l-hakîm (24)**

Rahmân ve Rahîm olan Allah'ın Adıyla

20- Cehennem ehli ile cennet ehli eşit olmaz. Murada erenler, hep
cennetliklerdir. **21-** Biz, bu Kur'ân'ı bir dağın üzerine indirseydik,
elbette sen onu, Allah korkusundan başını eğmiş, çatlamış
görürdün. O misaller yok mu, işte biz onları belki düşünürler diye
insanlar için veriyoruz. **22-** O, öyle Allah'tır ki, O'ndan başka ilah
yoktur. Gizli olanı da bilir, âşikar olanı da. O, çok esirgeyendir, çok
merhametlidir. **23-** O, öyle Allah'tır ki, O'ndan başka tapılacak
yoktur. Öyle melik ki, mukaddestir, selâmete erdirendir, güven
verendir, görüp gözetendir, onurludur, dilediğini ister istemez
zorla yaptırandır, her hususta büyüklüğünü gösterendir. Allah,
onların ortak koştuklarından münezzehtir. **24-** O, yaratan, var
eden, varlıklara şekil veren Allah'tır. En güzel isimler O'nundur.
Göklerde ve yerde bulunan her şey O'nu tesbih eder. O, çok
güçlüdür, hikmet sahibidir.

سُورَةُ يٰسۤ | YÂSÎN SÛRESİ

83 Âyet

بِسْمِ اللّٰهِ الرَّحْمٰنِ الرَّحٖيمِ

يٰسۤ ﴿١﴾ وَالْقُرْاٰنِ الْحَكٖيمِ ﴿٢﴾ اِنَّكَ لَمِنَ
الْمُرْسَلٖينَ ﴿٣﴾ عَلٰى صِرَاطٍ مُسْتَقٖيمٍ ﴿٤﴾ تَنْزٖيلَ
الْعَزٖيزِ الرَّحٖيمِ ﴿٥﴾ لِتُنْذِرَ قَوْمًا مَٓا اُنْذِرَ
اٰبَٓاؤُ۬هُمْ فَهُمْ غَافِلُونَ ﴿٦﴾ لَقَدْ حَقَّ الْقَوْلُ عَلٰٓى
اَكْثَرِهِمْ فَهُمْ لَا يُؤْمِنُونَ ﴿٧﴾ اِنَّا جَعَلْنَا فٖى
اَعْنَاقِهِمْ اَغْلَالًا فَهِيَ اِلَى الْاَذْقَانِ فَهُمْ مُقْمَحُونَ
﴿٨﴾ وَجَعَلْنَا مِنْ بَيْنِ اَيْدٖيهِمْ سَدًّا وَمِنْ خَلْفِهِمْ
سَدًّا فَاَغْشَيْنَاهُمْ فَهُمْ لَا يُبْصِرُونَ ﴿٩﴾ وَسَوَٓاءٌ
عَلَيْهِمْ ءَاَنْذَرْتَهُمْ اَمْ لَمْ تُنْذِرْهُمْ لَا يُؤْمِنُونَ ﴿١٠﴾

OKUNUŞU

Bismillâhi'r-rahmâni'r-rahîm

Yâ-sîn (1) Ve'l-Kur'âni'l-hakîm (2) İnneke le-mine'l-mursalîn (3) 'Alâ sırâtı'm-müstakîm (4) Tenzîle'l –'azîzi'r-rahîm (5) Li-tünzira kavme'm-mâ ünzira âbâ'ühüm fe-hüm gâfilûn (6) Le-kad hakka'l-kavlü 'alâ ekserihim fe-hüm lâ yü'minûn (7) İnnâ ce'alnâ fî a'nâkıhim ağlâlen fe-hiye ile'l-ezkâni fe-hüm mukmehûn (8) Ve ce'alnâ mi'm-beyni eydîhim seddev-ve min halfihim sedden fe-ağşeynâhüm fe-hüm lâ yübsirûn (9) Ve sevâ'ün 'aleyhim e-enzertehüm em lem tünzirhüm lâ yü'minûn (10)

MEÂLİ

Mekke'de inmiştir, 83 âyettir.

Rahmân ve Rahîm olan Allah'ın adıyla.

1- Yâ-sîn. 2- Hikmetli o Kur'ân'a yemin olsun ki, 3- Emin ol sen, o elçilikle gönderilen peygamberlerdensin. 4- Dosdoğru bir yol üzerindesin. 5- O güçlü ve merhametli -Allah'ın indirdiği- vahiy ile. 6- Babaları uyarılmamış, bu yüzden gaflet içinde kalmış bir topluluğu uyarasın, tehlikeyi haber veresin diye. 7- Andolsun ki, onların çoğuna karşı söz gerçek olmuştur; artık onlar îmâna gelmezler. 8- Biz onların boyunlarına, çenelerine kadar dayanan kelepçeler geçirmişiz; burunları yukarı, gözleri aşağı somurtmaktadırlar. 9- Önlerinden bir set, arkalarından bir set çekmişiz, kendilerini sarmışız; artık baksalar bile görmezler. 10- Onlar için, kendilerini ha uyarmışsın, ha uyarmamışsın farketmez; inanmazlar.

اِنَّمَا تُنْذِرُ مَنِ اتَّبَعَ الذِّكْرَ وَخَشِيَ الرَّحْمٰنَ
بِالْغَيْبِۚ فَبَشِّرْهُ بِمَغْفِرَةٍ وَاَجْرٍ كَرِيمٍ ﴿١١﴾
اِنَّا نَحْنُ نُحْيِ الْمَوْتٰى وَنَكْتُبُ مَا قَدَّمُوا
وَاٰثَارَهُمْۜ وَكُلَّ شَيْءٍ اَحْصَيْنَاهُ فٖٓي اِمَامٍ مُبٖينٍ
﴿١٢﴾ وَاضْرِبْ لَهُمْ مَثَلاً اَصْحَابَ الْقَرْيَةِۘ
اِذْ جَٓاءَهَا الْمُرْسَلُونَۚ ﴿١٣﴾ اِذْ اَرْسَلْنَٓا اِلَيْهِمُ
اثْنَيْنِ فَكَذَّبُوهُمَا فَعَزَّزْنَا بِثَالِثٍ فَقَالُٓوا اِنَّٓا
اِلَيْكُمْ مُرْسَلُونَ ﴿١٤﴾ قَالُوا مَٓا اَنْتُمْ اِلَّا بَشَرٌ
مِثْلُنَاۙ وَمَٓا اَنْزَلَ الرَّحْمٰنُ مِنْ شَيْءٍۙ اِنْ اَنْتُمْ
اِلَّا تَكْذِبُونَ ﴿١٥﴾ قَالُوا رَبُّنَا يَعْلَمُ اِنَّٓا اِلَيْكُمْ
لَمُرْسَلُونَ ﴿١٦﴾ وَمَا عَلَيْنَٓا اِلَّا الْبَلَاغُ الْمُبٖينُ ﴿١٧﴾

**İnnemâ tünzirü men-i't-tebe'a'z-zikra ve haşiye'r-rahmâne bi'l-
ğaybi fe-beşşirhü bi-mağfiretiv-ve ecrin kerîm (11) İnnâ nahnü
nuhyi'l-mevtâ ve nektübü mâ kaddemû ve âsârahüm, ve külle
şey'in ahsaynâhü fî imâmi'm-mübîn (12) Va-drib lehüm-meselen
ashâbe'l-karyeh iz câ'ehe'l-murselûn (13) İz erselnâ ileyhimü-
sneyni fe-kezzebûhümâ fe-'azzeznâ bisâlisin fe-kâlû innâ
ileyküm-murselûn (14) Kâlû mâ entüm illâ beşerü'm-mislünâ
ve mâ enzele'r-rahmânü min şey'in in entüm illâ tekzibûn
(15) Kâlû rabbünâ ya'lemü innâ ileyküm le-murselûn (16) Ve mâ
'aleynâ ille'l-belâğu'l-mübîn (17)**

11- Sen ancak, zikra –Kur'ân'a– uyan ve görmediği halde
Rahmân'a saygı besleyen kimseyi sakındırırsın. İşte onu,
hem bir bağışlama ve hem de güzel bir mükâfat ile müjdele!
12- Gerçekten biz, ancak biz ölüleri diriltiriz ve önden gönder-
diği şeyleri ve bıraktıkları eserleri kitâba geçiririz. Zaten biz her
şeyi, açık bir kütükte sayıp tesbit etmişizdir. **13-** Onlara, o şe-
hir halkını misal ver. Hani onlara, o gönderilen elçiler gelmişti.
14- Hani onlara o iki-elçiyi- göndermiştik de, o ikisini yalanla-
mışlardı. Biz de, bir üçüncüsü ile onları kuvvetlendirdik de gi-
dip dediler ki: "Haberiniz olsun ki biz, sizlere gönderilen elçi-
leriz." **15-** Dediler ki: "Siz, bizim gibi bir insandan başka bir şey
değilsiniz. Ayrıca Rahmân, hiçbir şey indirmemiştir; siz sırf ya-
lan söylüyorsunuz!" **16-** Elçiler, "Rabbimiz bilir, inanın biz ger-
çekten size gönderilmiş elçileriz." **17-** "Bize düşen, apaçık bir
tebliğden başka bir şey değil" dediler.

قَالُٓوا اِنَّا تَطَيَّرْنَا بِكُمْۚ لَئِنْ لَمْ تَنْتَهُوا لَنَرْجُمَنَّكُمْ
وَلَيَمَسَّنَّكُمْ مِنَّا عَذَابٌ اَل۪يمٌ ﴿١٨﴾ قَالُوا طَٓائِرُكُمْ
مَعَكُمْۜ اَئِنْ ذُكِّرْتُمْۜ بَلْ اَنْتُمْ قَوْمٌ مُسْرِفُونَ ﴿١٩﴾
وَجَٓاءَ مِنْ اَقْصَا الْمَد۪ينَةِ رَجُلٌ يَسْعٰى قَالَ يَا قَوْمِ
اتَّبِعُوا الْمُرْسَل۪ينَۙ ﴿٢٠﴾ اِتَّبِعُوا مَنْ لَا يَسْـَٔلُكُمْ اَجْرًا
وَهُمْ مُهْتَدُونَ ﴿٢١﴾ وَمَا لِيَ لَٓا اَعْبُدُ الَّذ۪ي فَطَرَن۪ي
وَاِلَيْهِ تُرْجَعُونَ ﴿٢٢﴾ ءَاَتَّخِذُ مِنْ دُونِه۪ٓ اٰلِهَةً اِنْ
يُرِدْنِ الرَّحْمٰنُ بِضُرٍّ لَا تُغْنِ عَنّ۪ي شَفَاعَتُهُمْ
شَيْـًٔا وَلَا يُنْقِذُونِۚ ﴿٢٣﴾ اِنّ۪ٓي اِذًا لَف۪ي ضَلَالٍ
مُب۪ينٍ ﴿٢٤﴾ اِنّ۪ٓي اٰمَنْتُ بِرَبِّكُمْ فَاسْمَعُونِۜ ﴿٢٥﴾ ق۪يلَ
ادْخُلِ الْجَنَّةَۜ قَالَ يَا لَيْتَ قَوْم۪ي يَعْلَمُونَۙ ﴿٢٦﴾

**Kâlû innâ tetayyemâ bi-küm le-i'l-lem tentehû le-nercümenneküm
ve le-yemessennekü'm-minnâ 'azâbün elîm (18) Kâlû tâ'irükü'm-
me'aküm e-in zükkirtüm-bel entüm kavmü'm- müsrifûn (19)
Ve câ'e min aksa'l-medîneti racülü'y-yes'â, kâle yâ kavmi't-
tebi'u'l-murselîn (20) İttebi'û me'l-lâ yes'elüküm ecra'v-ve
hüm-muhtedûn (21) Ve mâ liye lâ a'büdüllezî fetaranî ve
ileyhi türce'ûn (22) E-ettehizü min dûnihî âliheten iy-yüridni'r-
rahmânü bi-durri'l-lâ tuğni 'annî şefâ'atühüm şey'e'v-velâ
yünkizûn (23) İnnî ize'l-le-fî dalâli'm-mübîn (24) İnnî âmentü
bi-rabbiküm fesme'ûn (25) Kıle-dhuli'l-cenneh, kâle yâ leyte
kavmî yâ'lemûn (26)**

18- Şehir halkı:" Doğrusu biz sizin yüzünüzden uğursuzluğa uğradık. Yemin ederiz ki, eğer vazgeçmezseniz, sizi hiç aldırmadan taşlarız ve muhakkak size, bizden çok acıklı bir azap dokunur!" dediler. **19-** Elçiler:" Sizin uğursuzluğunuz, kendinizdendir. Peki, size öğüt verilse de mi? Doğrusu siz, haddi aşmayı âdet edinmiş bir topluluksunuz!" dediler. **20-** O esnada şehrin tâ öteki ucundan bir adam koşarak gelip dedi ki: "Ey hemşehrilerim, o gönderilen elçilere uyun!" **21-** "Uyun, sizden hiçbir ücret istemeyen o kişilere ki, onlar doğru yola ermişlerdir." **22-** "Ben, beni yaratana ne diye kulluk etmeyeyim ki? Hep döndürülüp O'na götürüleceksiniz." **23-** "Ben hiç O'ndan başka tanrılar tutar mıyım? Eğer o Rahmân, bana bir zarar vermek isterse, onların şefaati bana hiçbir fayda vermez ve beni kurtaramazlar." **24-** "Şüphesiz ben, o zaman açık bir sapıklık içinde olurum." **25-** "Haberiniz olsun ki ben, Rabbinize îmân getirdim; gelin beni dinleyin!" **26-** Ona denildi ki: "Haydi gir cennete!.." Dedi ki: "Ah! Ne olurdu, kavmim bilselerdi!"

بِمَا غَفَرَ لٖى رَبّٖى وَجَعَلَنٖى مِنَ الْمُكْرَمٖينَ ﴿٢٧﴾ وَمَٓا
اَنْزَلْنَا عَلٰى قَوْمِهٖ مِنْ بَعْدِهٖ مِنْ جُنْدٍ مِنَ السَّمَٓاءِ وَمَا
كُنَّا مُنْزِلٖينَ ﴿٢٨﴾ اِنْ كَانَتْ اِلَّا صَيْحَةً وَاحِدَةً فَاِذَا
هُمْ خَامِدُونَ ﴿٢٩﴾ يَا حَسْرَةً عَلَى الْعِبَادِ ۚ مَا يَاْتٖيهِمْ مِنْ
رَسُولٍ اِلَّا كَانُوا بِهٖ يَسْتَهْزِؤُنَ ﴿٣٠﴾ اَلَمْ يَرَوْا كَمْ
اَهْلَكْنَا قَبْلَهُمْ مِنَ الْقُرُونِ اَنَّهُمْ اِلَيْهِمْ لَا يَرْجِعُونَ
﴿٣١﴾ وَاِنْ كُلٌّ لَمَّا جَمٖيعٌ لَدَيْنَا مُحْضَرُونَ ﴿٣٢﴾ وَاٰيَةٌ
لَهُمُ الْاَرْضُ الْمَيْتَةُ ۚ اَحْيَيْنَاهَا وَاَخْرَجْنَا مِنْهَا حَبًّا
فَمِنْهُ يَاْكُلُونَ ﴿٣٣﴾ وَجَعَلْنَا فٖيهَا جَنَّاتٍ مِنْ نَخٖيلٍ
وَاَعْنَابٍ وَفَجَّرْنَا فٖيهَا مِنَ الْعُيُونِ ۙ ﴿٣٤﴾ لِيَاْكُلُوا
مِنْ ثَمَرِهٖ ۙ وَمَا عَمِلَتْهُ اَيْدٖيهِمْ ؕ اَفَلَا يَشْكُرُونَ ﴿٣٥﴾

Bi-mâ ğafera lî rabbî ve ce'alenî mine'l-mükramîn (27) Ve mâ enzelnâ 'alâ kavmihî mi'm-ba'dihî min cündi'm-mine's-semâ'i ve mâ künnâ münzilîn (28) İn kânet illâ sayhate'v-vâhideten fe-izâ hüm hâmidûn (29) Yâ hasreten 'ale'l-'ibâd, mâ ye'tîhim-mi'r-rasûlin illâ kânû bihî yestehzi'ûn (30) E-lem yerav kem ehleknâ kablehüm-mine'l-kurûni ennehüm ileyhim lâ yerci'ûn (31) Ve in küllü'l-lemmâ cemî'u'l-ledeynâ muhdarûn (32) Ve âyetü'l-lehümü'l-erdu'l-meyteh, ahyeynâhâ ve ahracnâ minhâ habben fe-minhü ye'külûn (33) Ve ce'alnâ fîhâ cennâti'm-min-nahîli'v-ve a'nâbi'v-ve feccernâ fîha mine'l-'uyûn (34) Li-ye'külû min semerihî ve mâ 'amilethu eydîhim e-fe-lâ yeşkürûn (35)

27- "Rabbimin beni bağışladığını ve beni ikram olunan kullarından yaptığını!" 28- Onun arkasından kavminin üzerine gökten bir ordu indirmedik; indirecek de değiliz. 29- O, yalnız bir sayha -korkunç bir ses- oldu; hemen sönüverdiler. 30- Yazıklar olsun o kullara! Kendilerine gelen her peygamberle mutlaka alay geçiyorlardı. 31- Baksalar ya, kendilerinden önce gelen nice nesilleri helâk etmişiz! Onlar, artık dönüp onlara gelmiyorlar. 32- Ancak hepsi toplanıp bizim katımızda huzura getirilmişlerdir. 33- Ölü bir toprak, onlara bir delildir. Biz ona hayat verdik ve ondan taneler çıkardık da, ondan yiyip duruyorlar. 34- Ondan bahçeler yaptık; hurma bahçeleri, üzüm bağları, neler neler! İçlerinden pınarlar akıttık. 35- Mahsulünden ve kendi ellerinin yaptıklarından yesinler diye! Hâlâ şükretmeyecekler mi?

سُبْحَانَ الَّذٖى خَلَقَ الْاَزْوَاجَ كُلَّهَا مِمَّا تُنْبِتُ
الْاَرْضُ وَمِنْ اَنْفُسِهِمْ وَمِمَّا لَا يَعْلَمُونَ ﴿٣٦﴾ وَاٰيَةٌ
لَهُمُ الَّيْلُ نَسْلَخُ مِنْهُ النَّهَارَ فَاِذَا هُمْ مُظْلِمُونَ
﴿٣٧﴾ وَالشَّمْسُ تَجْرٖى لِمُسْتَقَرٍّ لَهَاؕ ذٰلِكَ تَقْدٖيرُ
الْعَزٖيزِ الْعَلٖيمِؕ ﴿٣٨﴾ وَالْقَمَرَ قَدَّرْنَاهُ مَنَازِلَ
حَتّٰى عَادَ كَالْعُرْجُونِ الْقَدٖيمِ ﴿٣٩﴾ لَا الشَّمْسُ
يَنْبَغٖى لَهَا اَنْ تُدْرِكَ الْقَمَرَ وَلَا الَّيْلُ سَابِقُ
النَّهَارِؕ وَكُلٌّ فٖى فَلَكٍ يَسْبَحُونَ ﴿٤٠﴾ وَاٰيَةٌ لَهُمْ
اَنَّا حَمَلْنَا ذُرِّيَّتَهُمْ فِى الْفُلْكِ الْمَشْحُونِ ﴿٤١﴾
وَخَلَقْنَا لَهُمْ مِنْ مِثْلِهٖ مَا يَرْكَبُونَ ﴿٤٢﴾ وَاِنْ نَشَاْ
نُغْرِقْهُمْ فَلَا صَرٖيخَ لَهُمْ وَلَا هُمْ يُنْقَذُونَ ﴿٤٣﴾

Sübhânnellezî haleka'l-ezvâce kullehâ mim-mâ tünbitü'l-erdu ve min enfüsihim ve mim-mâ lâ ya'lemûn (36) Ve âyetü'l-lehümü'l-leyl, neslehu minhü'n-nehâra fe-izâ hüm-muzlimûn (37) Ve'ş-şemsü tecrî li-müstekarri'l-lehâ, zâlike takdîru'l-'azîzi'l-'alîm (38) Ve'l-kamera kaddernâhü menâzile hattâ 'âde ke'l-'urcûni'l-kadîm (39) Le'ş-şemsû yembegî lehâ en tüdrike'l-kamera ve le'l-leylü sâbikun-nehâr, ve küllün fî feleki'y-yesbehûn (40) Ve âyetü'l-lehüm ennâ hamelnâ zürriyyetehüm fi'l-fülki'l-meşhûn (41) Ve halaknâ lehüm-mi'm-mislihî mâ yerkebûn (42) Ve in-neşe' nuğrikhüm fe-lâ sarîha lehüm ve lâ hüm yünkazûn (43)

36- Yerin bitirdiklerinden, kendilerinden ve bilemeyecekleri nice şeylerden o çiftleri yaratan, her türlü noksanlıklardan münezzehtir. 37- Onlara bir delil de gecedir. Ondan gündüzü soyup çıkarırız, bir de bakarlar ki karanlığa dalmışlar. 38- Güneş de, kendisine ait bir karargâhta akıp gidiyor. İşte bu, güç ve kudret sahibi, -her şeyi bilen- Allah'ın takdiridir. 39- Ay; ona da bir takım duraklar tâyin etmişizdir; sonunda eğri hurma salkımının kurumuş eski dalı gibi olmuştur. 40- Ne güneşin aya yetişip çatması mümkündür, ne de gece gündüzü geçebilir. Her biri birer yörüngede yüzerler. 41- Onlara bir delil de, onların zürriyetlerini o dolu gemide taşımamızdır. 42- Kendileri için, onun gibi binecek şeyler yaratmamızdır. 43- Dilersek onları suda boğarız. O zaman onlar için ne feryat eden bulunur, ne de onlar kurtarılırlar.

اِلَّا رَحْمَةً مِنَّا وَمَتَاعًا اِلٰى حِينٍ ﴿٤٤﴾ وَاِذَا
قِيلَ لَهُمُ اتَّقُوا مَا بَيْنَ اَيْدِيكُمْ وَمَا خَلْفَكُمْ
لَعَلَّكُمْ تُرْحَمُونَ ﴿٤٥﴾ وَمَا تَأْتِيهِمْ مِنْ اٰيَةٍ
مِنْ اٰيَاتِ رَبِّهِمْ اِلَّا كَانُوا عَنْهَا مُعْرِضِينَ
﴿٤٦﴾ وَاِذَا قِيلَ لَهُمْ اَنْفِقُوا مِمَّا رَزَقَكُمُ اللّٰهُۙ
قَالَ الَّذِينَ كَفَرُوا لِلَّذِينَ اٰمَنُوا اَنُطْعِمُ مَنْ
لَوْ يَشَاءُ اللّٰهُ اَطْعَمَهُۗ اِنْ اَنْتُمْ اِلَّا فِي ضَلَالٍ
مُبِينٍ ﴿٤٧﴾ وَيَقُولُونَ مَتٰى هٰذَا الْوَعْدُ اِنْ كُنْتُمْ
صَادِقِينَ ﴿٤٨﴾ مَا يَنْظُرُونَ اِلَّا صَيْحَةً وَاحِدَةً
تَأْخُذُهُمْ وَهُمْ يَخِصِّمُونَ ﴿٤٩﴾ فَلَا يَسْتَطِيعُونَ
تَوْصِيَةً وَلَا اِلٰى اَهْلِهِمْ يَرْجِعُونَ ﴿٥٠﴾

İllâ rahmete'm-minnâ ve metâ'an ilâ hîn (44) Ve izâ kîle lehümüttekû mâ beyne eydîkum ve mâ halfekum le'allekum türhamûn (45) Ve mâ te'tîhim-min âyeti'm-min âyâti rabbihim illâ kânû 'anhâ mu'ridîn (46) Ve izâ kîle lehüm enfikû mim-mâ rezakakümüllâhu, kâle'l-lezîne keferû, lillezîne âmenû e-nut'imü me'l-lev yeşâ'ullâhü et'ameh, in entüm illâ fî dalâli'm-mübîn (47) Ve yekûlûne metâ hâze'l-va'dü in küntüm sâdikîn (48) Mâ yenzurûne illâ sayhate'v-vâhideten te'huzühüm ve hüm yehissimûn (49) Fe-lâ yestetî'ûne tavsıyete'v-ve lâ ilâ ehlihim yerci'ûn (50)

44- Ancak tarafımızdan bir rahmet ve bir zamana kadar yaşatmak başka. **45-** Hal böyle iken, onlara "önünüzdekini ve arkanızdakini gözetip korunun ki, rahmete layık olasınız" denildiği zaman yüz çevirirler. **46-** Kendilerine Rablerinin âyetlerinden herhangi bir âyet de gelse, mutlaka ondan yüz çevirmişlerdir. **47-** Onlara, "Allah'ın size rızık olarak verdiği şeylerden hayra sarf edin"denildiği zaman, o inkâr edenler, îmân edenler için dediler ki: "Biz hiç, Allah'ın dilediği takdirde kendilerine yiyeceklerini verebileceği kimseleri yedirir miyiz? Siz, apaçık bir sapıklık içinde değil de nesiniz?" **48-** "Eğer doğru söylüyorsanız bu vaat ne zamandır?" diyorlar. **49-** Başka değil, sadece tek bir sayhâyı -korkunç bir çığlığı- bekliyorlar. Bir sayhâ ki, onlar çekişip dururlarken kendilerini yakalayacaktır. **50-** O zaman bir vasiyet yapmaya güç yetiremezler; âilelerine de dönemezler.

وَنُفِخَ فِى الصُّورِ فَاِذَا هُمْ مِنَ الْاَجْدَاثِ اِلٰى
رَبِّهِمْ يَنْسِلُونَ ﴿٥١﴾ قَالُوا يَا وَيْلَنَا مَنْ بَعَثَنَا
مِنْ مَرْقَدِنَا هٰذَا مَا وَعَدَ الرَّحْمٰنُ وَصَدَقَ
الْمُرْسَلُونَ ﴿٥٢﴾ اِنْ كَانَتْ اِلَّا صَيْحَةً وَاحِدَةً
فَاِذَا هُمْ جَمِيعٌ لَدَيْنَا مُحْضَرُونَ ﴿٥٣﴾ فَالْيَوْمَ
لَا تُظْلَمُ نَفْسٌ شَيْـًٔا وَلَا تُجْزَوْنَ اِلَّا مَا كُنْتُمْ
تَعْمَلُونَ ﴿٥٤﴾ اِنَّ اَصْحَابَ الْجَنَّةِ الْيَوْمَ فِى شُغُلٍ
فَاكِهُونَ ﴿٥٥﴾ هُمْ وَاَزْوَاجُهُمْ فِى ظِلَالٍ عَلَى
الْاَرَائِكِ مُتَّكِؤُنَ ﴿٥٦﴾ لَهُمْ فِيهَا فَاكِهَةٌ وَلَهُمْ
مَا يَدَّعُونَ ﴿٥٧﴾ سَلَامٌ قَوْلًا مِنْ رَبٍّ رَحِيمٍ
﴿٥٨﴾ وَامْتَازُوا الْيَوْمَ اَيُّهَا الْمُجْرِمُونَ ﴿٥٩﴾

Ve nüfiha fî's-sûri fe-izâ hüm-mine'l- ecdâsi ilâ rabbihim
yensilûn (51) Kâlû yâ veylenâ me'm-be'asenâ mi'm-merkadinâ-
hâzâ mâ ve'ade'r-rahmânü ve sadeka'l-mürselûn (52) İn kânet
illâ sayhate'v-vâhideten fe-izâ hüm cemî'u'l-ledeynâ muhdarûn
(53) Fe'l-yevme lâ tuzlemu nefsün şey'e'v-ve lâ tüczevne illâ
mâ küntüm tâ'melûn (54) İnne ashâbe'l-cenneti'l-yevme fî
şüğulin fâkihûn (55) Hüm ve ezvâcühüm fî zılâlin 'ale'l-erâ'iki
mütteki'ûn (56) Lehüm fîhâ fâkihetü'v-ve lehüm-mâ yedde'ûn
(57) Selâmün kavle'm-mi'r-rabbi'r-rahîm (58) Ve-mtâzü'l-yevme
eyyühe'l-mücrimûn (59)

51- Derken sûra üflenmiştir; bir de ne görsünler, kabirlerinden Rablerine doğru akın ediyorlar! **52-** "Eyvah başımıza gelenlere! Kim kaldırdı bizi uyuduğumuz yerden? O Rahmân'ın vaat buyurduğu işte bu imiş; demek ki o gönderilen peygamberler doğru söylemişler!" derler. **53-** Başka değil, sadece bir sayhâ olmuş; derhal hepsi huzurumuzda hazır edilmişlerdir. **54-** Artık bu gün, hiç kimseye haksızlık yapılmaz ve ancak yaptıklarınızın cezasını çekeceksiniz! **55-** Gerçekten o gün cennet halkı bir eğlence içinde zevklenmektedirler. **56-** Kendileri ve eşleri, gölgeler içinde koltukların üzerine kurulmuşlardır. **57-** Onlara orada bir meyve vardır ve onlar için arzu ettikleri her şey mevcuttur. **58-** Merhamet sahibi Rabbin tarafından söylenen bir "Selâm!" var. **59-** Ey suçlular! Haydi bu gün ayrılın!

اَلَمْ اَعْهَدْ اِلَيْكُمْ يَا بَنٖٓى اٰدَمَ اَنْ لَا تَعْبُدُوا
الشَّيْطَانَۚ اِنَّهُ لَكُمْ عَدُوٌّ مُبٖينٌۙ ﴿٦٠﴾ وَاَنِ اعْبُدُونٖىۜ
هٰذَا صِرَاطٌ مُسْتَقٖيمٌ ﴿٦١﴾ وَلَقَدْ اَضَلَّ مِنْكُمْ
جِبِلًّا كَثٖيرًاۜ اَفَلَمْ تَكُونُوا تَعْقِلُونَ ﴿٦٢﴾ هٰذِهٖ
جَهَنَّمُ الَّتٖى كُنْتُمْ تُوعَدُونَ ﴿٦٣﴾ اِصْلَوْهَا الْيَوْمَ
بِمَا كُنْتُمْ تَكْفُرُونَ ﴿٦٤﴾ اَلْيَوْمَ نَخْتِمُ عَلٰٓى
اَفْوَاهِهِمْ وَتُكَلِّمُنَٓا اَيْدٖيهِمْ وَتَشْهَدُ اَرْجُلُهُمْ بِمَا
كَانُوا يَكْسِبُونَ ﴿٦٥﴾ وَلَوْ نَشَٓاءُ لَطَمَسْنَا عَلٰٓى
اَعْيُنِهِمْ فَاسْتَبَقُوا الصِّرَاطَ فَاَنّٰى يُبْصِرُونَ
﴿٦٦﴾ وَلَوْ نَشَٓاءُ لَمَسَخْنَاهُمْ عَلٰى مَكَانَتِهِمْ
فَمَا اسْتَطَاعُوا مُضِيًّا وَلَا يَرْجِعُونَ۠ ﴿٦٧﴾

em a'hed ileyküm yâ benî âdeme e'l-lâ tâ'budu'ş-şeytân,
innehû leküm 'adüvvü'm-mübîn (60) Ve enî'budûnî, hâzâ
sırâtu'm-müstakîm (61) Ve lekad edalle minküm cibillen kesîrâ,
e-fe-lem tekûnû ta'kılûn (62) Hâzihî cehennemü'l-letî küntüm
tû'adûn (63) İslevhe'l-yevme bi-mâ küntüm tekfürûn (64) El-
yevme nahtimü 'alâ efvâhihim ve tükellimünâ eydîhim ve
teşhedü ercülühüm-bimâ kânû yeksibûn (65) Ve-lev neşâ'ü le-
tamesnâ 'alâ a'yunihim fe-stebeku's-sırâta fe-ennâ yübsirûn
(66) Ve-lev neşâ'ü le-mesahnâhüm 'alâ mekânetihim fe-me-
stetâ'û mudiyye'v-velâ yerci'ûn (67)

60- Size, "Ey Âdem oğulları, şeytana kulluk yapmayın; o size
açık bir düşmandır!" diye söz vermedim mi? **61-** Ve "Bana kul-
luk edin; çünkü doğru yol budur" diye. **62-** Böyle iken andol-
sun ki o, içinizden bir çok nesilleri yoldan çıkardı. Yâ, o zaman
sizin aklınız yok muydu? **63-** İşte vaat olunup durduğunuz ce-
hennem budur. **64-** Bu gün, inkâr ettiğiniz için ona yaslanın
bakalım! **65-** O gün ağızlarını mühürleriz de, neler yaptıklarını
bize elleri söyler, ayakları da şâhitlik eder. **66-** Eğer dileseydik,
gözlerini silme kör yapardık da, yola dökülürlerdi; fakat nere-
den görecekler! **67-** Yine eğer dileseydik, kendilerini oldukları
yerde şekillerini değiştirip donduruverirdik de, ne ileri gidebi-
lirlerdi, ne de geri dönebilirlerdi!

وَمَنْ نُعَمِّرْهُ نُنَكِّسْهُ فِي الْخَلْقِۜ اَفَلَا يَعْقِلُونَ
﴿٦٨﴾ وَمَا عَلَّمْنَاهُ الشِّعْرَ وَمَا يَنْبَغِي لَهُۜ اِنْ هُوَ
اِلَّا ذِكْرٌ وَقُرْاٰنٌ مُبِينٌۙ ﴿٦٩﴾ لِيُنْذِرَ مَنْ كَانَ حَيًّا
وَيَحِقَّ الْقَوْلُ عَلَى الْكَافِرِينَ ﴿٧٠﴾ اَوَلَمْ يَرَوْا
اَنَّا خَلَقْنَا لَهُمْ مِمَّا عَمِلَتْ اَيْدِينَٓا اَنْعَامًا فَهُمْ
لَهَا مَالِكُونَ ﴿٧١﴾ وَذَلَّلْنَاهَا لَهُمْ فَمِنْهَا رَكُوبُهُمْ
وَمِنْهَا يَاْكُلُونَ ﴿٧٢﴾ وَلَهُمْ فِيهَا مَنَافِعُ وَمَشَارِبُۜ
اَفَلَا يَشْكُرُونَ ﴿٧٣﴾ وَاتَّخَذُوا مِنْ دُونِ اللّٰهِ اٰلِهَةً
لَعَلَّهُمْ يُنْصَرُونَۜ ﴿٧٤﴾ لَا يَسْتَطِيعُونَ نَصْرَهُمْۙ
وَهُمْ لَهُمْ جُنْدٌ مُحْضَرُونَ ﴿٧٥﴾ فَلَا يَحْزُنْكَ
قَوْلُهُمْۘ اِنَّا نَعْلَمُ مَا يُسِرُّونَ وَمَا يُعْلِنُونَ ﴿٧٦﴾

**Ve men-nü'ammirhü nünekkishü fi'l-halk, e-fe-lâ ya'kilûn (68) Ve
mâ 'allemnâhü'ş-şi'ra ve mâ yembegî leh, in hüve illâ zikrü'v-ve
kur'ânü'm-mübîn (69) Li-yünzira men kâne hayye'v-ve yehikka'l-
kavlü 'ale'l-kâfirîn (70) E-ve-lem yerav ennâ halaknâ lehüm-
mim-mâ 'amilet eydîna en'âmen fe-hüm lehâ mâlikûn (71) Ve
zellelnâhâ lehüm fe-minhâ rakûbuhum ve minhâ ye'kulûn
(72) Ve lehüm fîhâ menâfi'u ve meşârib, e-fe-lâ yeşkurûn (73)
Ve't-tehazû min dûnillâhi âlihete'l-le'allehüm yünsarûn (74) Lâ
yesteti'ûne nasrahüm ve hüm lehüm cündü'm-muhdarûn
(75) Fe-lâ yahzunke kavluhum, innâ na'lemü mâ yüsirrûne
ve mâ yu'linûn (76)**

68- Bununla beraber kimin ömrünü uzatıyorsak, yaratılışta onu tersine çeviriyoruz. Hâlâ akıllanmayacaklar mı? 69- Biz ona şiir öğretmedik, O'na yakışmaz da. O, sadece bir öğüt ve parlak bir Kur'ân'dır. 70- Hayatta olanı uyandırmak, nankörlere de o sözün -azâbın gerçek olması için. 71- Görmüyorlar mı ki, biz onlar için kudret ellerimizin yaptıklarından bir takım hayvanlar yarattık da, onlara sâhip oluyorlar. 72- Onları kendilerine itaatkâr yaptık. Onlardan hem binekleri var, hem de onlardan yiyorlar. 73- Onlarda daha bir çok menfaatleri ve çeşitli içecekleri de vardır. Hâlâ şükretmeyecekler mi? 74- Tuttular, Allah'tan başka bir takım ilahlar edindiler; güya yardım olunacaklar! 75- Onların onlara yardım etmeye güçleri yetmez. Kendileri, onlar için hazırlanan askerlerdir. 76- O halde onların lakırdıları seni üzmesin; biz onların içlerini de biliriz, dışlarını da!

اَوَلَمْ يَرَ الْاِنْسَانُ اَنَّا خَلَقْنَاهُ مِنْ نُطْفَةٍ فَاِذَا
هُوَ خَص۪يمٌ مُب۪ينٌ ﴿٧٧﴾ وَضَرَبَ لَنَا مَثَلاً وَنَسِيَ
خَلْقَهُۜ قَالَ مَنْ يُحْيِ الْعِظَامَ وَهِيَ رَم۪يمٌ ﴿٧٨﴾
قُلْ يُحْي۪يهَا الَّذ۪ٓي اَنْشَاَهَٓا اَوَّلَ مَرَّةٍۜ وَهُوَ بِكُلِّ
خَلْقٍ عَل۪يمٌۙ ﴿٧٩﴾ اَلَّذ۪ي جَعَلَ لَكُمْ مِنَ الشَّجَرِ
الْاَخْضَرِ نَاراً فَاِذَٓا اَنْتُمْ مِنْهُ تُوقِدُونَ ﴿٨٠﴾
اَوَلَيْسَ الَّذ۪ي خَلَقَ السَّمٰوَاتِ وَالْاَرْضَ
بِقَادِرٍ عَلٰٓى اَنْ يَخْلُقَ مِثْلَهُمْۜ بَلٰى وَهُوَ الْخَلَّاقُ
الْعَل۪يمُ ﴿٨١﴾ اِنَّمَٓا اَمْرُهُٓ اِذَٓا اَرَادَ شَيْـٔاً اَنْ
يَقُولَ لَهُ كُنْ فَيَكُونُ ﴿٨٢﴾ فَسُبْحَانَ الَّذ۪ي
بِيَدِه۪ مَلَكُوتُ كُلِّ شَيْءٍ وَاِلَيْهِ تُرْجَعُونَ ﴿٨٣﴾

E-ve-lem yera'l-insânü ennâ halaknâhü min-nutfetin fe-
izâ hüve hasîmu'm-mübîn (77) Ve darabe lenâ mesele'v-ve
nesiye halkah, kâle me'y-yuhyi'l-'izâme ve hiye ramîm (78)
Kul yuhyîhe'l-lezî enşe'ehâ evvele merrah, ve hüve bi-
külli halkin 'alîm (79) Ellezî ce'ale leküm-mine'ş-şeceri'l-
ahdari nâran, fe-izâ entüm-minhü tûkıdûn (80) E-ve-leyse'l-
lezî halaka's-semâvâti ve'l-erda bi-kâdirin 'alâ ey yahlüka
mislehüm, belâ ve hüve'l-hallâku'l-'alîm (81) İnnemâ
emruhû izâ erâde şey'en ey-yekûle lehû kün, fe-yekûn (82)
Fe-sübhanellezî bi-yedihî melekûtü külli şey'i'v-ve ileyhi
türce'ûn. (83)

77- O insan, bizim kendisini bir damla meniden yarattığımızı
görmedi mi? Şimdi o, geveze bir kavgacı kesildi. **78-** Yaratılı-
şını unutarak bize bir de misal fırlatıp, "Onlar çürümüş iken, o
kemikleri kim diriltebilir?" dedi. **79-** De ki: "Onları, ilk defa ya-
ratan diriltir ve O, bütün yaratıkları bilendir." **80-** O size, yeşil
ağaçtan bir ateş yaptı da, şimdi siz ondan tutuşturup duruyor-
sunuz. **81-** Gökleri ve yeri yaratan, onların aynısını yaratmaya
kâdir değil midir? Elbette- kadirdir. O, bütün mahlûkatı yara-
tandır, her şeyi bilendir. **82-** Bir şeyi murâd edince O'nun emri,
sadece ona "Ol" demektir; o hemen oluverir. **83-** Artık tesbih
edilmez mi, her şeyin hükümranlığı –kudret– elinde bulunan
öyle bir Sübhân'a? Hep döndürülüp O'na götürüleceksiniz.

YÂSÎN DUÂSI

اَللّٰهُمَّ اِنّٖى اَسْاَلُكَ صَبْرًا جَمٖيلًا وَ قَلْبًا سَلٖيمًا

وَلِسَانًا ذَاكِرًا وَ دُعَاءً مُسْتَجَابًا وَ كِتَابًا يَمٖينًا

وَرِزْقًا حَلَالًا وَ نَعٖيمًا مُقٖيمًا وَجَنَّةً وَحَرٖيرًا

وَ نَضْرَةً وَمَسْرُورًا ۝ يَا قَاضِىَ الْحَاجَاتِ يَا

مُجٖيبَ الدَّعَوَاتِ يَا كَاشِفَ الضُّرِّ وَالْبَلِيَّاتِ

يَا عَالِمَ السِّرِّ وَالْخَفِيَّاتِ ۝ اِقْضِ حَاجَتٖى

فٖى هٰذِهِ السَّاعَةِ الْمُبَارَكَةِ بِحُرْمَةِ يٰسٓ

وَالْقُرْاٰنِ الْحَكٖيمِ ۝ فَاِذَا قَضٰٓى اَمْرًا فَاِنَّمَا

يَقُولُ لَهُ كُنْ فَيَكُونُ ۝ فَسُبْحَانَ الَّذٖى

بِيَدِهٖ مَلَكُوتُ كُلِّ شَىْءٍ وَاِلَيْهِ تُرْجَعُونَ ۝

OKUNUŞU

Allâhümme inni es'elüke sabran cemîlen ve kalben selîmâ, ve lisânen zâkirân ve du'â'en müstecâbâ ve kitâben yemînâ. Ve rizkan halâlen ve na'îmen mukîma, ve Cenneten ve harîren ve nadraten ve mesrûrâ. Yâ kâdiye'l-hâcât! Yâ mucîbe'd-de'avât! Yâ kâşife'd-durri ve'l-beliyyât! Yâ 'âlime's-sırrı ve'l-hafiyyât! Ikdi hâcetî fî hâzihi's-sâati'l-mübâreketi bi-hürmeti Yâsin ve'l-Kur'âni'l-hakîm. Fe-izâ kadâ emran fe-innemâ yekûlü lehû kün fe-yekûn. Fe-sübhanellezî bi-yedihî melekûtü külli şey'i'v ve ileyhi türce'ûn.

MÂNÂSI

Allah'ım! Senden güzel sabır, temiz kalp, zikreden dil, kabul gören duâ, sağdan alınan amel defteri, helal rızık, sürüp giden nimet, cennet, ipek, göz aydınlıkları ve mutluluk istiyorum. Ey ihtiyaçları gideren, ey duâları kabul eden, ey zarar ve belaları kaldıran, ey sırları ve gizlilikleri bilen; Yâ-sîn ve hikmetli Kur'ân hü rmetine şu mübârek saatteki ihtiyaçlarımı yerine getiriver. 'O - Allah - bir şeye hükmettiği zaman sadece ona 'ol' der; hemen oluverir. Her şeyin hükümdarlığı elinde olan, bütün noksanlıklardan münezzehtir ve sonunda O'na döndürüleceksiniz.'

MÜBİN DUÂSI

سُبْحَانَ الْمُنَفِّسِ عَنْ كُلِّ مَدْيُونٍ ۝ سُبْحَانَ
الْمُفَرِّجِ عَنْ كُلِّ مَحْزُونٍ ۝ سُبْحَانَ الْعَالِمِ
بِكُلِّ مَكْنُونٍ ۝ سُبْحَانَ مُجْرِى الْمَاءِ فِى
الْبِحَارِ وَالْعُيُونِ ۝ سُبْحَانَ مَنْ اَرَادَ شَيْئًا
اَنْ يَقُولَ لَهُ كُنْ فَيَكُونُ ۝ فَسُبْحَانَ الَّذِى
بِيَدِهِ مَلَكُوتُ كُلِّ شَىْءٍ وَاِلَيْهِ تُرْجَعُونَ ۝
اَللّٰهُمَّ يَا مُفَرِّجَ الْهَمِّ وَالْغَمِّ فَرِّجْ هَمَّنَا
وَغَمَّنَا بِرَحْمَتِكَ يَا اَرْحَمَ الرَّاحِمِينَ ۝

OKUNUŞU

Sübhâne'l-müneffisi 'an külli medyûn* Sübhâne'l-müferrici 'an külli mahzûn* Sübhâne'l-âlimi bi-külli meknûn* Sübhâne mücri'l-mâ'i fi'l-bihâri ve'l-'uyûn* Sübhâne men erâde şey'en ey-yekûle lehû kün fe-yekûn* Fe-sübhanellezî bi-yedihî melekûtü külli şey'i'v-ve ileyhi türce'ûn* Allâhümme yâ müferrice'l-hemmi ve'l-ğammî! Ferric hemmenâ ve ğammenâ, bi-rahmetike yâ erhame'r-râhimîn.

MÂNÂSI

Bütün borçlardan nefes aldıran Allah'ı noksan sıfatlardan tenzih ederim. Bütün üzüntülerden kurtaran Allah'ı noksanlıklardan tenzih ederim. Bütün gizlilikleri bilen Allah'ı tenzih ederim. Denizlerde ve pınarlarda suyu akıtan Allah'ı tenzih ederim. Dilediğini sadece 'ol' demekle olduruveren Allah'ı tenzih ederim. Her şeyin mülk ve saltanatı kendisine ait olan ve sonunda kendisine döndürüleceğiniz Allah'ı tenzih ederim. Allah'ım! Ey üzüntü ve sıkıntıyı kaldıran! Ey merhametlilerin en merhametlisi! Rahmetinle sıkıntımı ve üzüntümü kaldırıver.

İZÂHI

Mübin duâsı, Yâ-sîn sûresindeki mübin duraklı âyetlerde okunur. Sıkıntı ve kederlerin gitmesi ve dileklerin kabul olunması için mübin âyetine gelince üç veya yedi defa okunur.

سُورَةُ الْمُلْكِ | (TEBAREKE) MÜLK SÛRESİ

30 Âyet

بِسْمِ اللّٰهِ الرَّحْمٰنِ الرَّح۪يمِ

تَبَارَكَ الَّذ۪ي بِيَدِهِ الْمُلْكُۘ وَهُوَ عَلٰى كُلِّ شَيْءٍ
قَد۪يرٌۙ ﴿١﴾ اَلَّذ۪ي خَلَقَ الْمَوْتَ وَالْحَيٰوةَ لِيَبْلُوَكُمْ
اَيُّكُمْ اَحْسَنُ عَمَلًاۜ وَهُوَ الْعَز۪يزُ الْغَفُورُۙ ﴿٢﴾
اَلَّذ۪ي خَلَقَ سَبْعَ سَمٰوَاتٍ طِبَاقًاۜ مَا تَرٰى ف۪ي خَلْقِ
الرَّحْمٰنِ مِنْ تَفَاوُتٍۜ فَارْجِعِ الْبَصَرَۙ هَلْ تَرٰى
مِنْ فُطُورٍ ﴿٣﴾ ثُمَّ ارْجِعِ الْبَصَرَ كَرَّتَيْنِ يَنْقَلِبْ
اِلَيْكَ الْبَصَرُ خَاسِئًا وَهُوَ حَس۪يرٌ ﴿٤﴾ وَلَقَدْ زَيَّنَّا
السَّمَٓاءَ الدُّنْيَا بِمَصَاب۪يحَ وَجَعَلْنَاهَا رُجُومًا
لِلشَّيَاط۪ينِ وَاَعْتَدْنَا لَهُمْ عَذَابَ السَّع۪يرِ ﴿٥﴾

OKUNUŞU

Bismillâhi'r-rahmâni'r-rahîm

Tebârekellezî bi-yedihi'l-mülk, ve hüve 'alâ külli şey'in kadîr
(1) Ellezî halaka'l-mevte ve'l hayâte li-yeblüveküm eyyüküm
ahsenü 'amelâ, ve hüve'l-'azîzu'l-ğafûr (2) Ellezî halaka seb'a
semâvâtin tıbâkâ, mâ terâ fî halkı'r-rahmâni min tefâvut.
Ferci'i'l-besara hel terâ min fütûr (3) Summ-erci'i'l-basara ker-
rateyni yenkalib ileyke'l-besaru hâsi'ev ve hüve hasîr (4) Ve
le-kad zeyyenna's-semâ'e'd-dünyâ bi-mesâbîha ve ce'alnâhâ
rucûme'l-li'ş-şeyâtîni ve a'tednâ lehüm 'azâbe's-sa'îr (5)

MEÂLİ

Mekke'de inmiştir, 30 âyettir.

Rahmân ve Rahîm olan Allah'ın adıyla.

1- Mülk elinde olan -Allah- ne yücedir ve O, her şeye kâdirdir.
2- Sizi imtihana çekip, hanginizin daha güzel davranışta bu-
lunduğunu bildirmek için ölümü ve dirilişi yaratan O'dur. O,
çok güçlüdür, çok bağışlayıcıdır. 3- Yedi göğü birbirine uy-
gun bir şekilde yaratan O'dur. O Rahmân'ın yarattığında hiç-
bir nizamsızlık göremezsin. Haydi, çevir gözünü; görebilir mi-
sin hiçbir çatlak ve kusur? 4- Sonra gözünü tekrar tekrar yine
çevir; o göz, yorgun bir halde, zelil ve hakir olarak sana döner.
5- Andolsun ki biz o dünya semâsını, takım takım kandillerle
donattık ve onları, şeytanlar için atılacak şeyler yaptık. Bir de,
onlar için o çılgın ateş azâbını hazırladık.

وَلِلَّذِينَ كَفَرُوا بِرَبِّهِمْ عَذَابُ جَهَنَّمَ ۖ
وَبِئْسَ الْمَصِيرُ ﴿٦﴾ اِذَآ اُلْقُوا فِيهَا سَمِعُوا
لَهَا شَهِيقًا وَهِيَ تَفُورُ ۙ ﴿٧﴾ تَكَادُ تَمَيَّزُ مِنَ
الْغَيْظِ ۖ كُلَّمَآ اُلْقِيَ فِيهَا فَوْجٌ سَاَلَهُمْ خَزَنَتُهَآ
اَلَمْ يَاْتِكُمْ نَذِيرٌ ﴿٨﴾ قَالُوا بَلٰى قَدْ جَآءَنَا
نَذِيرٌ فَكَذَّبْنَا وَقُلْنَا مَا نَزَّلَ اللّٰهُ مِنْ شَيْءٍ ۚ
اِنْ اَنْتُمْ اِلَّا فِي ضَلَالٍ كَبِيرٍ ﴿٩﴾ وَقَالُوا لَوْ
كُنَّا نَسْمَعُ اَوْ نَعْقِلُ مَا كُنَّا فِيٓ اَصْحَابِ
السَّعِيرِ ﴿١٠﴾ فَاعْتَرَفُوا بِذَنْبِهِمْ ۚ فَسُحْقًا
لِاَصْحَابِ السَّعِيرِ ﴿١١﴾ اِنَّ الَّذِينَ يَخْشَوْنَ
رَبَّهُمْ بِالْغَيْبِ لَهُمْ مَغْفِرَةٌ وَاَجْرٌ كَبِيرٌ ﴿١٢﴾

Ve lillezîne keferû bi rabbihim 'azâbu cehennem, ve bi'se'l-masîr (6) İzâ ülkû fîhâ semi'û lehâ şehîka'v-ve hiye tefûr (7) Tekâdu temeyyezü mine'l-ğayz. Küllemâ ülkıye fîhâ fevcün se'elehüm hazenetühâ e-lem ye'tiküm nezîr (8) Kâlû belâ, kad câ'enâ nezîrun fe-kezzebnâ ve kulnâ mâ nezzelallâhu min şey'in, in entüm illâ fî dalâlin kebîr (9) Ve kâlû lev künnâ nesme'u ev na'kılü mâ künnâ fî ashâbi's-sa'îr (10) Fa'-terafû bi zembihim, fe sühkal li ashâbi's-sa'îr (11) İnnellezîne yahşevne rabbehüm bi'l-ğaybi lehüm-mağfiretü'v-ve ecrün kebîr (12)

6- Kendi Rablerini inkâr edenler için de cehennem azâbı vardır. Ona gidiş, ne kötü bir sondur. 7- İçine atıldıkları zaman, onun feveran eden hıçkırışını işitirler. 8- Hemen, hemen öfkeden patlayacak gibi bir hâle gelir. İçine her defasında bir topluluk atıldıkça onun bekçileri kendilerine; "Size uyarıcı bir peygamber gelmedi mi?" diye sorarlar. 9- Derler ki: "Evet, doğrusu bize uyarıcı bir peygamber geldi. Fakat biz, ona inanmadık ve 'Allah hiçbir şey indirmedi. Siz büyük bir sapıklık içindesiniz' diye yalanladık." 10- "Biz, kulak verip dinleseydik veya aklımızı kullansaydık, bu azgın ateşin içinde bulunmazdık" derler. 11- İşte günahlarını itiraf ettiler. O halde kahrolsun, o azgın ateş sahipleri! 12- Rablerini görmedikleri halde saygı besleyenler yok mu, muhakkak ki bağışlanma ve büyük bir mükâfat onlar içindir.

وَاَسِرُّوا قَوْلَكُمْ اَوِ اجْهَرُوا بِهٖ ۜ اِنَّهُ
عَلٖيمٌ بِذَاتِ الصُّدُورِ ﴿١٣﴾ اَلَا يَعْلَمُ
مَنْ خَلَقَ ۜ وَهُوَ اللَّطٖيفُ الْخَبٖيرُ ع ﴿١٤﴾
هُوَ الَّذٖى جَعَلَ لَكُمُ الْاَرْضَ ذَلُولًا
فَامْشُوا فٖى مَنَاكِبِهَا وَكُلُوا مِنْ رِزْقِهٖ ۜ
وَاِلَيْهِ النُّشُورُ ﴿١٥﴾ ءَاَمِنْتُمْ مَنْ فِى
السَّمَٓاءِ اَنْ يَخْسِفَ بِكُمُ الْاَرْضَ فَاِذَا
هِىَ تَمُورُ ۙ ﴿١٦﴾ اَمْ اَمِنْتُمْ مَنْ فِى السَّمَٓاءِ
اَنْ يُرْسِلَ عَلَيْكُمْ حَاصِبًا ۜ فَسَتَعْلَمُونَ
كَيْفَ نَذٖيرِ ﴿١٧﴾ وَلَقَدْ كَذَّبَ الَّذٖينَ
مِنْ قَبْلِهِمْ فَكَيْفَ كَانَ نَكٖيرِ ﴿١٨﴾

Ve esirrû kavleküm ev-icherû bih, innehû 'alîmu'm-bi-zâti's-sudûr (13) E lâ ya'lemü men halak ve hüve'l-latîfü'l-habîr (14) Hüvellezî ce'ale lekümü'l-erda zelûlen fe-mşû fî menâkibihâ ve külû mi'r-rizkıh, ve ileyhi'n-nüşûr (15) E emintüm-men fî's-semâ'i ey-yahsife bikümü'l-erda fe-izâ hiye temûr (16) Em emintüm-men fî's-semâ'i ey-yürsile 'aleyküm hâsibâ, fe-seta'lemûne keyfe nezîr (17) Ve le-kad kezzebe'l-lezîne min kablihim fe-keyfe kâne nekîr (18)

13- Sözünüzü ister gizleyin, ister açığa vurun. Çünkü O, bütün kalplerin sırrını bilir. **14-** Bilmez mi O yaratan ki, O bütün kalplerdeki düşünceleri bilendir, her şeyden haberdardır. **15-** Yeryüzünü sizin emrinize veren O yaratıcıdır. Haydi, o yeryüzünün omuzlarında yürüyün de, O yaratanın rızkından yiyin. Fakat sonunda dönüş O'nadır. **16-** Gökte bulunanın, sizinle yeri göçürüvermesinden emin misiniz? O zaman bakarsınız ki, o yer çalkalanıyor! **17-** Yoksa, gökte bulunanın, üzerinize mermiler yağdıran birini göndermesinden emin misiniz? O zaman uyarımın nasıl olduğunu bilirsiniz! **18-** Doğrusu, onlardan öncekiler de yalanladılar. Fakat, beni inkâr etmek nasılmış bakalım!

اَوَلَمْ يَرَوْا اِلَى الطَّيْرِ فَوْقَهُمْ صَٓافَّاتٍ
وَيَقْبِضْنَۘ مَا يُمْسِكُهُنَّ اِلَّا الرَّحْمٰنُۜ اِنَّهُ
بِكُلِّ شَيْءٍ بَصِيرٌ ﴿١٩﴾ اَمَّنْ هٰذَا الَّذ۪ي هُوَ
جُنْدٌ لَكُمْ يَنْصُرُكُمْ مِنْ دُونِ الرَّحْمٰنِۜ
اِنِ الْكَافِرُونَ اِلَّا ف۪ي غُرُورٍۚ ﴿٢٠﴾ اَمَّنْ هٰذَا
الَّذ۪ي يَرْزُقُكُمْ اِنْ اَمْسَكَ رِزْقَهُۚ بَلْ
لَجُّوا ف۪ي عُتُوٍّ وَنُفُورٍ ﴿٢١﴾ اَفَمَنْ يَمْش۪ي
مُكِبًّا عَلٰى وَجْهِه۪ٓ اَهْدٰٓى اَمَّنْ يَمْش۪ي
سَوِيًّا عَلٰى صِرَاطٍ مُسْتَق۪يمٍ ﴿٢٢﴾ قُلْ هُوَ
الَّذ۪ٓي اَنْشَاَكُمْ وَجَعَلَ لَكُمُ السَّمْعَ
وَالْاَبْصَارَ وَالْاَفْـِٔدَةَۜ قَل۪يلًا مَا تَشْكُرُونَ ﴿٢٣﴾

**E-ve-lem yerav ile't-tayri fevkahüm sâffâti'v-ve yakbidn, mâ yümsikühünne ille'r-rahmân, innehû bi-külli şey'i'm-besîr (19)
Em-men hâzâ'l-lezî hüve cündü'l-leküm yensuruküm min dûni'r-rahmân, ini'l-kâfirûne illâ fî ğurûr (20) Em-men hâzâ'l-lezî yerzükuküm in emseke rizkah, bel-leccû fî 'utuvvi'v-ve nüfûr (21) E fe-mey-yemşî mükibben 'alâ vechihî ehdâ, em-mey yemşî seviyyen 'alâ sırâtı'm-müstakîm (22) kul hüvellezî enşe'eküm ve ce'ale lekümü's-sem'a ve'l-ebsâra ve'l-ef'ideh, kalîle'm-mâ teşkurûn (23)**

19- Üstlerinde, kanat süzerek ve yumarak uçan kuşlara bakmazlar mı? Onları tutan ancak Rahmân'dır. Şüphesiz ki O, her şeyi görür. **20-** Rahmân'dan başka sizi kurtaracak şu ordularınız da kimlerdir? Kâfirler başka değil, sırf bir gurur içindedirler. **21-** Eğer O, rızkını keserse, sizlere şu rızık verecek de kimdir? Hayır, bir ürküntü ve azgınlık içinde inada dalmışlardır. **22-** Şimdi, yüz üstü kapanarak giden mi daha doğrudur, yoksa dosdoğru bir yol üzerinde dümdüz giden mi? **23-** De ki: "Sizi yaratan ve size işitecek kulak, görecek gözler ve duyacak gönüller veren O'dur. Fakat sizler, çok az şükrediyorsunuz!"

قُلْ هُوَ الَّذ۪ي ذَرَاَكُمْ فِي الْاَرْضِ وَاِلَيْهِ
تُحْشَرُونَ ﴿٢٤﴾ وَيَقُولُونَ مَتٰى هٰذَا الْوَعْدُ
اِنْ كُنْتُمْ صَادِق۪ينَ ﴿٢٥﴾ قُلْ اِنَّمَا الْعِلْمُ عِنْدَ
اللّٰهِۖ وَاِنَّمَٓا اَنَا۬ نَذ۪يرٌ مُب۪ينٌ ﴿٢٦﴾ فَلَمَّا رَاَوْهُ
زُلْفَةً س۪ٓيـَٔتْ وُجُوهُ الَّذ۪ينَ كَفَرُوا وَق۪يلَ هٰذَا
الَّذ۪ي كُنْتُمْ بِه۪ تَدَّعُونَ ﴿٢٧﴾ قُلْ اَرَاَيْتُمْ اِنْ
اَهْلَكَنِيَ اللّٰهُ وَمَنْ مَعِيَ اَوْ رَحِمَنَاۙ فَمَنْ يُج۪يرُ
الْكَافِر۪ينَ مِنْ عَذَابٍ اَل۪يمٍ ﴿٢٨﴾ قُلْ هُوَ الرَّحْمٰنُ
اٰمَنَّا بِه۪ وَعَلَيْهِ تَوَكَّلْنَاۚ فَسَتَعْلَمُونَ مَنْ هُوَ
ف۪ي ضَلَالٍ مُب۪ينٍ ﴿٢٩﴾ قُلْ اَرَاَيْتُمْ اِنْ اَصْبَحَ
مَٓاؤُ۬كُمْ غَوْرًا فَمَنْ يَأْت۪يكُمْ بِمَٓاءٍ مَع۪ينٍ ﴿٣٠﴾

Kul hüvellezî zeraeküm fî'l-erdi ve ileyhi tuhşerûn (24) Ve
yekûlûne metâ hâze'l-va'dü in küntüm sâdikîn (25) Kul inneme'l-
'ilmü 'indellâh, ve innemâ ene-nezîru'm-mübîn (26) Fe-lemmâ
ra'evhü zülfeten sî'et vücûhu'l-lezîne keferû ve kîle hâzâ'l-lezî
küntüm bihî tedde'ûn (27) Kul e-ra'eytüm in ehlekeniyellâhu
ve me'm-me'iye ev rahimenâ, fe-mey-yücîru'l-kâfirîne min
'azâbin elîm (28) Kul hüve'r- rahmân, âmennâ bihî ve 'aleyhi
tevekkelnâ, fe-seta'lemûne men hüve fî dalâli'm-mübîn (29)
Kul e-ra'eytüm in asbaha mâ'üküm ğavran fe-mey-ye'tîküm-
bi-mâ'im-me'în (30)

24- De ki: " Sizi, yeryüzünde zürriyetler hâlinde yaratıp yayan O'dur. Sonunda hep toplanıp O'nun huzuruna toplanacaksınız." **25-** Böyle iken diyorlar ki: "Eğer doğru söylüyorsanız, bu vaat ne zaman gelecek?" **26-** De ki: "O ilim, ancak Allah'ın katındadır. Ben, sadece açıkça anlatan uyarıcı bir peygamberim." **27-** Derken, vakti gelip de onu yakından gördüklerinde, o inkâr edenlerin yüzleri kötüleşiverdi ve denildi ki; "İşte bu, o sizin kendilerinize çağırıp durduğunuzdur." **28-** De ki: "Gördünüz mü? Allah beni ve beraberimdekileri helâk etse, veya bize merhamet buyursa, her iki durumda da kâfirleri elem verici bir azâptan kim kurtaracak?" **29-** De ki: "O, öyle Rahmân'dır ki, işte biz O'na îmân ettik ve O'na dayanmaktayız. İlerde sizler de, o açık bir sapıklık içinde bulunanın kim olduğunu bileceksiniz!" **30-** De ki: "Gördün mü? Eğer suyunuz sabaha kadar çekiliverirse, size bir kaynak suyu kim getirebilir?"

سُورَةُ النَّبَاِ

AMME (NEBE) SÛRESİ 40 ÂYET

بِسْمِ اللّٰهِ الرَّحْمٰنِ الرَّحٖيمِ

عَمَّ يَتَسَٓاءَلُونَۚ ﴿١﴾ عَنِ النَّبَاِ الْعَظٖيمِۙ ﴿٢﴾
اَلَّذٖى هُمْ فٖيهِ مُخْتَلِفُونَۜ ﴿٣﴾ كَلَّا سَيَعْلَمُونَۙ
﴿٤﴾ ثُمَّ كَلَّا سَيَعْلَمُونَ ﴿٥﴾ اَلَمْ نَجْعَلِ
الْاَرْضَ مِهَادًاۙ ﴿٦﴾ وَالْجِبَالَ اَوْتَادًاۖ ﴿٧﴾
وَخَلَقْنَاكُمْ اَزْوَاجًاۙ ﴿٨﴾ وَجَعَلْنَا نَوْمَكُمْ
سُبَاتًاۙ ﴿٩﴾ وَجَعَلْنَا الَّيْلَ لِبَاسًاۙ ﴿١٠﴾ وَجَعَلْنَا
النَّهَارَ مَعَاشًاۖ ﴿١١﴾ وَبَنَيْنَا فَوْقَكُمْ سَبْعًا
شِدَادًاۙ ﴿١٢﴾ وَجَعَلْنَا سِرَاجًا وَهَّاجًاۖ ﴿١٣﴾
وَاَنْزَلْنَا مِنَ الْمُعْصِرَاتِ مَٓاءً ثَجَّاجًاۙ ﴿١٤﴾

OKUNUŞU

Bismillâhi'r-rahmâni'r-rahîm

'Amme yetesâelûn (1) 'Anin-nebe'il-'azîm (2) Ellezî hüm fîhi
muhtelifûn (3) Kellâ se-ya'lemûn (4) Summe kellâ se-ya'lemûn
(5) E-lem nec'ali'l-erda mihâdâ (6) Ve'l-cibâle evtâdâ (7) Ve
halaknâküm ezvâcâ (8) Ve ce'alnâ nevmeküm sübâtâ (9) Ve
ce'alne'l-leyle libâsâ (10) Ve ce'alne'n-nehâra me'âşâ (11) Ve
beneynâ fevkaküm seb'an şidâdâ (12) Ve ce'alnâ sirâce'v-
vehhâcâ (13) Ve enzelnâ mine'l-mu'sırâti mâ'en seccâcâ (14)

MEÂLİ

Mekke'de inmiştir, 40 âyettir.

Rahmân ve Rahîm olan Allah'ın adıyla.

1- Neden soruşuyorlar? 2- O büyük vahiy haberinden. 3- Ki
onlar, o hususta ayrılığa düşüyorlar. 4- Hayır, ileride bilecek-
ler. 5- Hayır, hayır! İleride bilecekler. 6- Biz, yeryüzünü bir dö-
şek yapmadık mı? 7- Dağları da birer kazık? 8- Sizleri çift çift
yarattık. 9- Uykunuzu bir dinlenme yaptık. 10- Geceyi de bir
örtü yaptık. 11- Gündüzü ise, bir geçim vakti yaptık. 12- Üs-
tünüze, sapasağlam yedi –göğü– bina çattık. 13- İçlerine ihti-
şamlı, parıl parıl parlayan bir kandil astık. 14- O yoğun bulut-
lardan, şarıl şarıl bir su indirdik.

لِنُخْرِجَ بِهٖ حَبًّا وَنَبَاتًاۙ ﴿١٥﴾ وَجَنَّاتٍ اَلْفَافًاۜ ﴿١٦﴾
اِنَّ يَوْمَ الْفَصْلِ كَانَ مٖيقَاتًاۙ ﴿١٧﴾ يَوْمَ يُنْفَخُ
فِى الصُّورِ فَتَأْتُونَ اَفْوَاجًاۙ ﴿١٨﴾ وَفُتِحَتِ
السَّمَٓاءُ فَكَانَتْ اَبْوَابًاۙ ﴿١٩﴾ وَسُيِّرَتِ
الْجِبَالُ فَكَانَتْ سَرَابًاۜ ﴿٢٠﴾ اِنَّ جَهَنَّمَ كَانَتْ
مِرْصَادًاۙ ﴿٢١﴾ لِلطَّاغٖينَ مَاٰبًاۙ ﴿٢٢﴾ لَابِثٖينَ فٖيهَٓا
اَحْقَابًاۚ ﴿٢٣﴾ لَا يَذُوقُونَ فٖيهَا بَرْدًا وَلَا شَرَابًاۙ
﴿٢٤﴾ اِلَّا حَمٖيمًا وَغَسَّاقًاۙ ﴿٢٥﴾ جَزَٓاءً وِفَاقًا ﴿٢٦﴾
اِنَّهُمْ كَانُوا لَا يَرْجُونَ حِسَابًاۙ ﴿٢٧﴾ وَكَذَّبُوا
بِاٰيَاتِنَا كِذَّابًاۜ ﴿٢٨﴾ وَكُلَّ شَيْءٍ اَحْصَيْنَاهُ كِتَابًاۙ
﴿٢٩﴾ فَذُوقُوا فَلَنْ نَزٖيدَكُمْ اِلَّا عَذَابًا ﴿٣٠﴾

Li-nuhrice bihî habbe'v-ve nebâtâ (15) Ve cennâtin elfâfâ (16)
İnne yevme'l-fasli kâne mîkâtâ (17) Yevme yünfehu fî's-sûri
fe-te'tûne efvâcâ (18) Ve fütihati's-semâ'u fe-kânet ebvâbâ
(19) Ve süyyirati'l-cibâlü fe-kânet serâbâ (20) İnne cehenneme
kânet mirsâde (21) Li't-tâgîne me'âbâ (22) Lâbisîne fîhâ ahkâbâ
(23) Lâ yezûkûne fîhâ berde'v-ve lâ şerâbe (24) İllâ hamîme'v-ve
ğassâkâ (25) Cezâ'e'v-vifâkâ (26) İnnehüm kânû lâ yercûne hisâbâ
(27) Ve kezzebû bi-âyâtinâ kizzâbâ (28) Ve külle şey'in ahsaynâhu
kitâbâ (29) Fe-zûkû fele'n-nezîdeküm illâ 'azâbâ (30)

15- Onunla taneler ve otlar çıkaralım diye. 16- Sarmaş dolaş
bağlar, bahçeler. 17- Şüphesiz ki o ayırt etme günü, belirlenmiş
bir vakittir. 18- O gün sûr üfürülür; derken bölük bölük gelir-
siniz. 19- Gök ise açılmış, kapı kapı olmuştur. 20- Dağlar yürü-
tülmüş, serap olmuştur. 21- Şüphesiz ki cehennem, bir gözet-
leme yeri olmuştur. 22- Azgınlar için, nihayetinde varılacak bir
yer olmuştur. 23- İçinde, asırlarca kalacaklardır. 24- Ne bir se-
rinlik tadacaklar, ne de içilecek bir şey. 25- Sadece bir kaynar
su ve bir irin. 26- Her yönüyle uygun bir cezâ olarak. 27- Çünkü
onlar, hiçbir hesap ummuyorlardı. 28- Âyetlerimizi yalanlaya,
yalanlaya, yalancı kesilmişlerdi. 29- Biz, her şeyi saymışız, bir
kitaba kaydetmişiz. 30- Artık tadın bakalım! Artık size, azap ar-
tırmaktan başka bir şey yapacak değiliz!

اِنَّ لِلْمُتَّقِينَ مَفَازًا ﴿٣١﴾ حَدَائِقَ وَاَعْنَابًا ﴿٣٢﴾
وَكَوَاعِبَ اَتْرَابًا ﴿٣٣﴾ وَكَاْسًا دِهَاقًا ﴿٣٤﴾ لَا
يَسْمَعُونَ فِيهَا لَغْوًا وَلَا كِذَّابًا ﴿٣٥﴾ جَزَاءً
مِنْ رَبِّكَ عَطَاءً حِسَابًا ﴿٣٦﴾ رَبِّ السَّمٰوَاتِ
وَالْاَرْضِ وَمَا بَيْنَهُمَا الرَّحْمٰنِ لَا يَمْلِكُونَ
مِنْهُ خِطَابًا ﴿٣٧﴾ يَوْمَ يَقُومُ الرُّوحُ وَالْمَلٰئِكَةُ
صَفًّا لَا يَتَكَلَّمُونَ اِلَّا مَنْ اَذِنَ لَهُ الرَّحْمٰنُ
وَقَالَ صَوَابًا ﴿٣٨﴾ ذٰلِكَ الْيَوْمُ الْحَقُّ فَمَنْ
شَاءَ اتَّخَذَ اِلٰى رَبِّهِ مَاٰبًا ﴿٣٩﴾ اِنَّا اَنْذَرْنَاكُمْ
عَذَابًا قَرِيبًا يَوْمَ يَنْظُرُ الْمَرْءُ مَا قَدَّمَتْ
يَدَاهُ وَيَقُولُ الْكَافِرُ يَا لَيْتَنِى كُنْتُ تُرَابًا ﴿٤٠﴾

İnne li'l-müttekîne mefâzâ (31) Hadâ'ika ve a'nâbâ (32) Ve ke-vâ'ibe etrâbâ (33) Ve ke'sen dihâkâ (34) Lâ yes'me'ûne fîhâ lağ-ve'v-ve lâ kizzâbâ (35) Cezâ'e'm-mi'r-rabbike 'atâ'en hisâbâ (36) Rabbi's-semâvâti ve'l-erdi ve mâ beynehüme'r-rahmâni, lâ yemlikûne minhü hitâbâ (37) Yevme yekûmü'r-rûhu ve'l-melâiketu saffâ. Lâ yetekellemûne illâ men ezine lehü'r-rahmânu ve kâle sevâbâ (38) Zâlike'l-yevmül hakk, fe men şâ'e't-tehaze ilâ rabbihî me'âbâ (39) İnnâ enzernâküm 'azâben karîbe, yevme yenzuru'l-mer'u mâ kaddemet yedâhü ve yekûlü'l-kâfiru yâ leytenî küntü türâbe (40)

31- Şüphesiz ki, korunanlar için büyük bir kurtuluş ve büyük bir meram vardır. 32- Bahçeler ve üzüm bağları vardır. 33- Göğüsleri yeni yeni olgunlaşan, hep bir yaşta –kızlar– vardır. 34- Dopdolu kadehler vardır. 35- Orada ne boş bir laf işitirler, ne de bir yalanlama. 36- Bunlar- Rabbinden bir mükâfat, yeterli bir lütuftur. 37- O, göklerin, yerin ve aralarındaki her şeyin Rabbi olan bir Rahmân ki, O'nunla konuşmaya dahi güç yetiremezler. 38- O gün, Cebrâil ve melekler saf saf ayakta dizilecek. Rahmân'ın izin verdiğinden başka hiç kimse, bir kelime dahi konuşamayacak; o da ancak doğruyu konuşacaktır. 39- O gün gerçektir; o halde dileyen Rabbine varacak bir yüz edinsin. 40- Çünkü biz sizi, yakın bir azap için uyardık. O gün kişi, ellerinin önceden ne gönderdiğine bakacak ve kâfir; "Ah, keşke ben bir toprak olsaydım!" diyecek.

سُورَةُ الْجُمُعَةِ

CUMA SÛRESİ
11 Âyet

بِسْمِ اللّٰهِ الرَّحْمٰنِ الرَّح۪يمِ

يُسَبِّحُ لِلّٰهِ مَا فِي السَّمٰوَاتِ وَمَا فِي الْاَرْضِ
الْمَلِكِ الْقُدُّوسِ الْعَز۪يزِ الْحَك۪يمِ ﴿١﴾
هُوَ الَّذ۪ي بَعَثَ فِي الْاُمِّيّ۪نَ رَسُولاً مِنْهُمْ
يَتْلُوا عَلَيْهِمْ اٰيَاتِه۪ وَيُزَكّ۪يهِمْ وَيُعَلِّمُهُمُ
الْكِتَابَ وَالْحِكْمَةَۗ وَاِنْ كَانُوا مِنْ
قَبْلُ لَف۪ي ضَلَالٍ مُب۪ينٍۙ ﴿٢﴾ وَاٰخَر۪ينَ
مِنْهُمْ لَمَّا يَلْحَقُوا بِهِمْۜ وَهُوَ الْعَز۪يزُ
الْحَك۪يمُ ﴿٣﴾ ذٰلِكَ فَضْلُ اللّٰهِ يُؤْت۪يهِ
مَنْ يَشَٓاءُۜ وَاللّٰهُ ذُو الْفَضْلِ الْعَظ۪يمِ ﴿٤﴾

OKUNUŞU

Bismillâhi'r-rahmâni'r-rahîm

Yüsebbihu lillâhi mâ fi's-semâvâti ve mâ fi'l-erdi'l-meliki'l-kuddûsi'l-'azîzi'l-hakîm (1) Hüvellezî be'ase fi'l-ümmiyyîne rasule'm-minhüm yetlû 'aleyhim âyâtihî ve yüzekkîhim ve yü'allimühümü'l-kitâbe ve'l-hikmeh ve in kânû min kablü le-fî dalâli'm-mübîn (2) Ve âharîne minhüm lemmâ yelhakû bihim ve hüve'l-'azîzu'l-hakîm (3) Zâlike fadlullâhi yü'tîhi mey-yeşâ', vallahu zu'l-fadli'l-azîm (4)

MEÂLİ

Medine'de inmiştir, 11 âyettir.

Rahmân ve Rahîm olan Allah'ın adıyla.

1- Göklerde ve yerde bulunan her şey, Allah için tesbih eder. O, öyle lekesiz mukaddes bir melik ki, hem güçlüdür, hem de hikmet sahibidir. 2- Okuma- yazması olmayanlar içinde, kendilerinden olup da, onlara O'nun âyetlerini okuyan, onları temize çıkarıp parlatan, kendilerine kitap ve hikmet öğreten bir peygamberi gönderen O'dur. Oysa bundan evvel, açık bir sapıklık içinde idiler. 3- Bir de onlardan başkalarına göndermiştir- ki, henüz onlara erişmemişlerdir. O, çok güçlüdür, sonsuz hikmet sahibidir. 4- İşte bu, Allah'ın lütfudur ki, onu dilediğine verir ve Allah, çok büyük lütuf sahibidir.

مَثَلُ الَّذ۪ينَ حُمِّلُوا التَّوْرٰيةَ ثُمَّ لَمْ يَحْمِلُوهَا
كَمَثَلِ الْحِمَارِ يَحْمِلُ اَسْفَاراًۜ بِئْسَ مَثَلُ
الْقَوْمِ الَّذ۪ينَ كَذَّبُوا بِاٰيَاتِ اللّٰهِۜ وَاللّٰهُ
لَا يَهْد۪ي الْقَوْمَ الظَّالِم۪ينَ ﴿٥﴾ قُلْ يَٓا اَيُّهَا
الَّذ۪ينَ هَادُٓوا اِنْ زَعَمْتُمْ اَنَّكُمْ اَوْلِيَٓاءُ
لِلّٰهِ مِنْ دُونِ النَّاسِ فَتَمَنَّوُا الْمَوْتَ اِنْ
كُنْتُمْ صَادِق۪ينَ ﴿٦﴾ وَلَا يَتَمَنَّوْنَهُٓ اَبَداً بِمَا
قَدَّمَتْ اَيْد۪يهِمْۜ وَاللّٰهُ عَل۪يمٌ بِالظَّالِم۪ينَ ﴿٧﴾
قُلْ اِنَّ الْمَوْتَ الَّذ۪ي تَفِرُّونَ مِنْهُ فَاِنَّهُ
مُلَاق۪يكُمْ ثُمَّ تُرَدُّونَ اِلٰى عَالِمِ الْغَيْبِ
وَالشَّهَادَةِ فَيُنَبِّئُكُمْ بِمَا كُنْتُمْ تَعْمَلُونَ ﴿٨﴾

Meselü'l-lezîne hummilü't-tevrâte sümme lem yahmilûha ke-
meseli'l-hımâri yahmilü esfarâ, bi'se meselü'l-kavmi'l-lezîne
kezzebû bi-âyâtillâh, vallahu lâ yehdi'l-kavme'z-zâlimîn (5)
Kul yâ eyyühe'l-lezîne hâdû in ze'amtüm enneküm evliya'ü
lillâhi min dûni'n-nâsi fe-temennevu'l-mevte in küntüm
sâdikîn (6) Ve lâ yetemennevnehû ebede'm-bimâ kadde-
met eydîhim, vallahu 'alîmü'm-bi'z-zâlimîn (7) Kul inne'l-
mevte'l-lezî tefirrune minhü fe-innehû mülâkîküm sümme
türaddune ilâ 'âlimi'l-ğaybi ve'ş-şehâdeti, fe-yünebi'üküm
bi-mâ küntüm ta'melûne (8)

5- Kendilerine Tevrât yükletilip de, sonra onu taşıyamayanların
hâli, ciltlerle kitap taşıyan eşeğin hâline benzer. Allah'ın âyetlerini
yalanlayan bir topluluğun hâli ne çirkindir! Allah, zâlimler güru-
hunu doğru yola çıkarmaz. 6- De ki: "Ey Yahudiler! Eğer siz, diğer
insanlardan ayrı olarak kendinizi Allah'ın dostları sanıyorsanız,
haydi ölmeyi arzulayın; eğer davanızda doğru iseniz." 7- Oysa, elle-
riyle yaptıkları günahlar yüzünden, onu ebediyen arzulayamazlar.
Allah, zalimleri bilir. 8- De ki: "Haberiniz olsun, o kaçıp durdu-
ğunuz ölüm muhakkak gelip size çatacak. Sonra, gizli ve âşikar
olan her şeyi bilene iade olunacaksınız da, O size neler yaptı-
ğınızı haber verecektir."

يَٓا اَيُّهَا الَّذ۪ينَ اٰمَنُٓوا اِذَا نُودِیَ
لِلصَّلٰوةِ مِنْ يَوْمِ الْجُمُعَةِ فَاسْعَوْا
اِلٰى ذِكْرِ اللّٰهِ وَذَرُوا الْبَيْعَۜ ذٰلِكُمْ
خَيْرٌ لَكُمْ اِنْ كُنْتُمْ تَعْلَمُونَ ﴿٩﴾
فَاِذَا قُضِيَتِ الصَّلٰوةُ فَانْتَشِرُوا
فِي الْاَرْضِ وَابْتَغُوا مِنْ فَضْلِ
اللّٰهِ وَاذْكُرُوا اللّٰهَ كَث۪يرًا لَعَلَّكُمْ
تُفْلِحُونَ ﴿١٠﴾ وَاِذَا رَاَوْا تِجَارَةً اَوْ
لَهْوًاۨ انْفَضُّٓوا اِلَيْهَا وَتَرَكُوكَ قَٓائِمًاۜ
قُلْ مَا عِنْدَ اللّٰهِ خَيْرٌ مِنَ اللَّهْوِ وَمِنَ
التِّجَارَةِۜ وَاللّٰهُ خَيْرُ الرَّازِق۪ينَ ﴿١١﴾

Yâ eyyühe'l-lezîne âmenû izâ nûdiye li's-salâti miy-yevmi'l-cumu'ati fes'av ilâ zikrillâhi ve zeru'l-bey', zâliküm hayru'l-leküm in küntüm ta'lemûn (9) Fe-izâ kudiyeti's-salâtü fe-nteşirû fi'l-erdi ve-bteğû min fadlillâh, ve-zkürullâhe kesîra'l-le'alleküm tüflihûn (10) Ve izâ raev ticâraten ev lehveni-nfaddû ileyhâ ve terakûke kâ'ime. Kul mâ 'indellâhi hayru'm-mine'l-lehvi ve mine't-ticârah, vallâhü hayru'r-razikîn (11)

9- Ey îmân edenler! Cuma günü, namaz için çağrıldığınız zaman, hemen Allah'ın zikrine koşun ve alım satımı bırakın; eğer bilirseniz bu, sizin için daha hayırlıdır. **10-** Sonra, namaz kılındı mı yeryüzüne dağılın da Allah'ın lütfundan nasip arayın ve Allah'ı çok anın ki, kurtuluş bulasınız. **11-** Böyle olduğu halde, bir ticaret veya bir eğlence gördüklerinde ona fırlayıp, seni ayakta bıraktılar. De ki: "Allah'ın yanındakiler, eğlenceden ve ticaretten daha hayırlıdır ve Allah, rızık verenlerin en hayırlısıdır."

سُورَةُ الْقِيٰمَةِ | KIYAMET SÛRESİ

40 Âyet

بِسْمِ اللّٰهِ الرَّحْمٰنِ الرَّح۪يمِ

لَٓا اُقْسِمُ بِيَوْمِ الْقِيٰمَةِۙ ﴿١﴾ وَلَٓا اُقْسِمُ
بِالنَّفْسِ اللَّوَّامَةِ ﴿٢﴾ اَيَحْسَبُ الْاِنْسَانُ
اَلَّنْ نَجْمَعَ عِظَامَهُۜ ﴿٣﴾ بَلٰى قَادِر۪ينَ
عَلٰٓى اَنْ نُسَوِّيَ بَنَانَهُ ﴿٤﴾ بَلْ يُر۪يدُ
الْاِنْسَانُ لِيَفْجُرَ اَمَامَهُۚ ﴿٥﴾ يَسْـَٔلُ اَيَّانَ
يَوْمُ الْقِيٰمَةِۜ ﴿٦﴾ فَاِذَا بَرِقَ الْبَصَرُۙ ﴿٧﴾
وَخَسَفَ الْقَمَرُۙ ﴿٨﴾ وَجُمِعَ الشَّمْسُ
وَالْقَمَرُۙ ﴿٩﴾ يَقُولُ الْاِنْسَانُ يَوْمَئِذٍ
اَيْنَ الْمَفَرُّۚ ﴿١٠﴾ كَلَّا لَا وَزَرَۜ ﴿١١﴾

OKUNUŞU

Bismillâhi'r-rahmâni'r-rahîm

Lâ uksimü bi-yevmi'l-kıyâmeh (1) Ve lâ uksimü bi'n-nefsi'l-levvâmeh (2) E yahsebü'l-insânü el-len-necme'a 'izâmeh (3) Be-lâ kâdirîne 'alâ en-nüsevviye benâneh (4) Bel yürîdü'l-insânü li-yefcüra emâmeh (5) Yes'elü eyyâne yevmü'l-kıyâmeh (6) Fe-izâ berika'l-besar (7) Ve hasefe'l-kamer (8) Ve cümi'a'ş-şemsü ve'l-kamer (9) Yekûlu'l-insânü yevme'izin eyne'l-meferr (10) Kellâ lâ vezer (11)

MEÂLİ

Mekke'de inmiştir, 40 âyettir.

Rahmân ve Rahîm olan Allah'ın adıyla.

1- Yo... O kalkış gününe- kıyâmete- yemin ederim. 2- Yo... O pişman olan cana da yemin ederim. 3- İnsan, kemikleri bir araya toplayamayacağımızı mı sanıyor? 4- Evet, bir araya toplarız; parmaklarını düzeltip dizmeye bile kadiriz. 5- Fakat insan, ileride isyana devam etmeyi arzular. 6- "O kıyâmet günü ne zaman?" diye sorar. 7- O göz, şimşek çaktığı zaman, 8- Ay tutulduğu vakit, 9- Güneş ve ay bir araya toplandığında, 10- İşte o gün insan, "Nereye kaçmalı?" der. 11- Hayır, hayır, hiçbir siper yok!

اِلٰى رَبِّكَ يَوْمَئِذٍ الْمُسْتَقَرُّ ﴿١٢﴾ يُنَبَّؤُا
الْاِنْسَانُ يَوْمَئِذٍ بِمَا قَدَّمَ وَاَخَّرَ ﴿١٣﴾ بَلِ
الْاِنْسَانُ عَلٰى نَفْسِهٖ بَصٖيرَةٌ ﴿١٤﴾ وَلَوْ
اَلْقٰى مَعَاذٖيرَهُ ﴿١٥﴾ لَا تُحَرِّكْ بِهٖ لِسَانَكَ
لِتَعْجَلَ بِهٖ ﴿١٦﴾ اِنَّ عَلَيْنَا جَمْعَهُ وَقُرْاٰنَهُ
﴿١٧﴾ فَاِذَا قَرَاْنَاهُ فَاتَّبِعْ قُرْاٰنَهُ ﴿١٨﴾ ثُمَّ اِنَّ
عَلَيْنَا بَيَانَهُ ﴿١٩﴾ كَلَّا بَلْ تُحِبُّونَ الْعَاجِلَةَ
﴿٢٠﴾ وَتَذَرُونَ الْاٰخِرَةَ ﴿٢١﴾ وُجُوهٌ يَوْمَئِذٍ
نَاضِرَةٌ ﴿٢٢﴾ اِلٰى رَبِّهَا نَاظِرَةٌ ﴿٢٣﴾ وَوُجُوهٌ
يَوْمَئِذٍ بَاسِرَةٌ ﴿٢٤﴾ تَظُنُّ اَنْ يُفْعَلَ بِهَا
فَاقِرَةٌ ﴿٢٥﴾ كَلَّا اِذَا بَلَغَتِ التَّرَاقِيَ ﴿٢٦﴾

İlâ rabbike yevme'izini'l-müstekarr (12) Yünebbeü'l-insânü
yevme'izi'm-bimâ kaddeme ve ahhar (13) Beli'l-insânü 'alâ
nefsihî besîrah (14) Ve lev elkâ me'âzîrah (15) Lâ tüharrik bihî
lisâneke li-ta'cele bih (16) İnne 'aleynâ cem'ahû ve kur'âneh (17)
Fe-izâ kara'nâhü fe't-tebi' kur'âneh (18) Sümme inne 'aleynâ
beyâneh (19) Kellâ bel tühibbûne'l-âcileh (20) Ve tezerûne'l-
âhirah (21) Vücûhü'y-yevmeizin-nâdirah (22) İlâ rabbihâ nâzırah
(23) Ve vücûhu'y-yevmeizi'm-bâsirah (24) Tezunnu ey-yuf'ale
bihâ fâkırah (25) Kellâ izâ beleğati't-terâkıy (26)

12- O gün, varılacak yer ancak Rabbinedir. **13-** O gün insan,
önceki ve sonraki yaptıklarıyla ayıtılır haber verilir. **14-** Doğ-
rusu insan, kendine karşı bir şâhittir. **15-** Velevki, kendi ma-
zeretlerini ortaya dökmüş olsa da. **16-** Vahyi almak için acele
edip, onunla dilini kımıldatıp durma! **17-** Çünkü onu bir araya
toplamak ve okutmak bize aittir. **18-** Biz onu okuduğumuz za-
man, o Kur'ân'ı takip et. **19-** Sonra, yine onun açıklanması bize
aittir. **20-** Hayır, hayır! Siz, peşin olanı –hemen ele geçen dün-
yayı– seviyorsunuz. **21-** Âhireti ise bırakıyorsunuz. **22-** O gün,
nice yüzler ışıldayıp parlar. **23-** Rablerine bakarlar. **24-** O gün,
nice yüzler de ekşir, asıktır. **25-** Kendilerine, bel kıran bir mu-
amelenin yapılacağını anlar. **26-** Hayır, hayır! Ne zaman ki o
can, köprücük –kemiklerine– dayanır,

وَق۪يلَ مَنْ رَاقٍ ﴿٢٧﴾ وَظَنَّ اَنَّهُ الْفِرَاقُ
﴿٢٨﴾ وَالْتَفَّتِ السَّاقُ بِالسَّاقِ ﴿٢٩﴾ اِلٰى
رَبِّكَ يَوْمَئِذٍ الْمَسَاقُ ﴿٣٠﴾ فَلَا صَدَّقَ
وَلَا صَلّٰى ﴿٣١﴾ وَلٰكِنْ كَذَّبَ وَتَوَلّٰى ﴿٣٢﴾
ثُمَّ ذَهَبَ اِلٰٓى اَهْلِه۪ يَتَمَطّٰى ﴿٣٣﴾ اَوْلٰى
لَكَ فَاَوْلٰى ﴿٣٤﴾ ثُمَّ اَوْلٰى لَكَ فَاَوْلٰى ﴿٣٥﴾
اَيَحْسَبُ الْاِنْسَانُ اَنْ يُتْرَكَ سُدًى ﴿٣٦﴾
اَلَمْ يَكُ نُطْفَةً مِنْ مَنِيٍّ يُمْنٰى ﴿٣٧﴾ ثُمَّ
كَانَ عَلَقَةً فَخَلَقَ فَسَوّٰى ﴿٣٨﴾ فَجَعَلَ مِنْهُ
الزَّوْجَيْنِ الذَّكَرَ وَالْاُنْثٰى ﴿٣٩﴾ اَلَيْسَ
ذٰلِكَ بِقَادِرٍ عَلٰٓى اَنْ يُحْيِيَ الْمَوْتٰى ﴿٤٠﴾

**Ve kîle mer-râk (27) Ve zanne ennehü'l-firâk (28) Ve'l-teffeti's-
sâku bi's-sâk (29) İlâ rabbike yevme'izini'l-mesâk (30) Fe-lâ sad-
deka ve lâ sallâ (31) Ve lâkin kezzebe ve tevelle (32) Sümme
zehebe ilâ ehlihî yetemettâ (33) Evlâ leke fe-evlâ (34) Sümme
evlâ leke fe-evlâ (35) E-yahsebü'l-insânü ey-yütrake südâ (36)
E-lem yekü nütfete'm-mi'm-meniyyi'y-yümnâ (37) Sümme
kâne 'alekaten fe-haleka fe-sevvâ (38) Fe-ce'ale minhü'z-
zevceyni'z-zekera ve'l-ünsâ (39) E-leyse zâlike bi-kâdirin 'alâ
ey-yuhyiye'l-mevtâ (40)**

27- "Okuyacak kim var?" denilir. 28- O an, ayrılma vaktinin gel-
diğini sezer. 29- El ayak, bacak bacağa dolaşır. 30- İşte o gün
sevk, sadece Rabbinedir. 31- Fakat o, ne sadaka verdi, ne de
namaz kıldı. 32- Ama o, yalanladı ve yüzünü döndü. 33- Sonra
da, kasıla kasıla âilesine gitti. 34- Sana o belâ gerektir, gerek.
35- Evet, o belâ gerektir gerek. 36- İnsan, başı boş bırakılaca-
ğını mı sanıyor? 37- O, dökülen bir damla meniden ibaret de-
ğil mi idi? 38- Sonra bir kan pıhtısı oldu. Derken yaratıp- biçim
verdi, sonra da tesviye etti bütün âzâlarını düzeltti. 39- On-
dan, iki eş; erkek ve dişi yaptı. 40- Artık O, ölüleri diriltmeye
kâdir değil midir?

سُورَةُ السَّجْدَةِ

SECDE SÛRESİ

30 Âyet

بِسْمِ اللّٰهِ الرَّحْمٰنِ الرَّح۪يمِ

الٓمٓ ﴿١﴾ تَنْز۪يلُ الْكِتَابِ لَا رَيْبَ ف۪يهِ مِنْ رَبِّ
الْعَالَم۪ينَۜ ﴿٢﴾ اَمْ يَقُولُونَ افْتَرٰيهُۚ بَلْ هُوَ الْحَقُّ
مِنْ رَبِّكَ لِتُنْذِرَ قَوْماً مَٓا اَتٰيهُمْ مِنْ نَذ۪يرٍ
مِنْ قَبْلِكَ لَعَلَّهُمْ يَهْتَدُونَ ﴿٣﴾ اَللّٰهُ الَّذ۪ي خَلَقَ
السَّمٰوَاتِ وَالْاَرْضَ وَمَا بَيْنَهُمَا ف۪ي سِتَّةِ اَيَّامٍ
ثُمَّ اسْتَوٰى عَلَى الْعَرْشِۜ مَا لَكُمْ مِنْ دُونِه۪
مِنْ وَلِيٍّ وَلَا شَف۪يعٍۜ اَفَلَا تَتَذَكَّرُونَ ﴿٤﴾ يُدَبِّرُ
الْاَمْرَ مِنَ السَّمَٓاءِ اِلَى الْاَرْضِ ثُمَّ يَعْرُجُ اِلَيْهِ
ف۪ي يَوْمٍ كَانَ مِقْدَارُهُٓ اَلْفَ سَنَةٍ مِمَّا تَعُدُّونَ ﴿٥﴾

OKUNUŞU

Bismillâhi'r-rahmâni'r-rahîm

Elif-lâm-mîm (1) Tenzîlü'l-kitâbi lâ raybe fîhi mi'r-rabbi'l-âlemîn (2) Em yekulûne-fterâh, bel hüve'l-hakku mi'r-rabbike li-tünzira kavme'm-mâ etâhümmin nezîri'm-min kablike le'allehüm yehtedûn (3) Allâhullezî haleka's-semâvâti ve'l-erda ve mâ beynehümâ fî sitteti eyyâmin sümme-stevâ 'ale'l-'arş, mâ leküm min dûnihî mi'v-veliyyi'v-velâ şefî', e-fe-lâ tetezekkerûn (4) Yüdebbiru'l-emra mine's-semâ'i ile'l-ardi sümme ya'rucü ileyhi fî yevmin kâne mikdâruhû elfe seneti'm-mimmâ te'uddûn (5)

MEÂLİ

Mekke'de inmiştir, 30 âyettir.

Rahmân ve Rahîm olan Allah'ın adıyla.

1- Elif, Lâm, Mîm. 2- Kendisinde bir şüphe olmayan bu kitap, âlemlerin Rabbi tarafından indirilmiştir. 3- Yoksa "Onu uydurdu" mu diyorlar? Hayır, bilakis o, kendilerine senden önce uyarıcı peygamber gelmemiş olan bir topluluğu uyarasın diye Rabbinden gelen bir gerçektir. Belki doğru yolu kabul ederler. 4- Allah O'dur ki, gökleri, yeri ve aralarındakini altı günde yaratmış, sonra da Arş'ın üzerinde hükümranlığını kurmuştur. Sizin O'ndan başka ne bir dostunuz vardır, ne de bir şefaatçiniz. Artık düşünmez misiniz? 5- Gökten yere kadar bütün işleri düzenler. Sonra o işler, sizin sayımınıza göre bin yıl kadar süren bir günde O'na yükselir.

ذٰلِكَ عَالِمُ الْغَيْبِ وَالشَّهَادَةِ الْعَزٖيزُ الرَّحٖيمُ ۙ
﴿٦﴾ اَلَّذٖٓى اَحْسَنَ كُلَّ شَیْءٍ خَلَقَهُ وَبَدَاَ خَلْقَ
الْاِنْسَانِ مِنْ طٖينٍ ۚ ﴿٧﴾ ثُمَّ جَعَلَ نَسْلَهُ مِنْ سُلَالَةٍ
مِنْ مَٓاءٍ مَهٖينٍ ۚ ﴿٨﴾ ثُمَّ سَوّٰيهُ وَنَفَخَ فٖيهِ مِنْ رُوحِهٖ
وَجَعَلَ لَكُمُ السَّمْعَ وَالْاَبْصَارَ وَالْاَفْـِٔدَةَ ۜ قَلٖيلًا مَا
تَشْكُرُونَ ﴿٩﴾ وَقَالُٓوا ءَاِذَا ضَلَلْنَا فِى الْاَرْضِ ءَاِنَّا
لَفٖى خَلْقٍ جَدٖيدٍ ۜ بَلْ هُمْ بِلِقَٓاءِ رَبِّهِمْ كَافِرُونَ ﴿١٠﴾
قُلْ يَتَوَفّٰيكُمْ مَلَكُ الْمَوْتِ الَّذٖى وُكِّلَ بِكُمْ ثُمَّ
اِلٰى رَبِّكُمْ تُرْجَعُونَ ۠ ﴿١١﴾ وَلَوْ تَرٰٓى اِذِ الْمُجْرِمُونَ
نَاكِسُوا رُؤُسِهِمْ عِنْدَ رَبِّهِمْ ۜ رَبَّنَٓا اَبْصَرْنَا
وَسَمِعْنَا فَارْجِعْنَا نَعْمَلْ صَالِحًا اِنَّا مُوقِنُونَ ﴿١٢﴾

**Zâlike 'âlimü'l-ğaybi ve'ş-şehâdeti'l-'azîzü'r-rahîm (6) Ellezî
ehsene külle şey'in halekahû ve bede'e halka'l-insâni min
tîn (7) Sümme ce'ale neslehû min sülâleti'm-mim-mâ-im-
mehîn (8) Sümme sevvâhü ve nefeha fîhi mi'r-rûhihî ve ce'ale
lekümü's-sem'a ve'l-ebsâra ve'l-ef'ideh, kalîle'm-mâ teşkürûn
(9) Ve kâlû e-izâ dalelnâ fi'l-ardi e-innâ le-fî halkın cedîd, bel
hüm bilikâ'i rabbihim kâfirûn (10) Kul yeteveffâküm-melekü'l-
mevti'l-lezî vükkile biküm sümme ilâ rabbiküm türce'ûn (11)
Ve lev terâ izi'l-mücrimûne nâkisû ru'ûsihim 'inde rabbi-
him, rabbenâ ebsarnâ ve semi'nâ fe-rci'nâ na'mel sâlihan
innâ mûkınûn (12)**

6- İşte görülmeyeni de, görüleni de bilen, güç ve kuvvet sa-
hibi, merhametli olan O'dur. 7- O, yarattığı her şeyi en güzel
bir şekilde yarattı ve insanı yaratmağa da bir çamurdan baş-
ladı. 8- Sonra onun neslini, değersiz bir suyun özünden yaptı.
9- Sonra da onu şekillendirip içine kendi rûhundan üfledi. Si-
zin için işitmeyi, görmeleri ve gönülleri yarattı. Siz, çok az şük-
rediyorsunuz! 10- Bir de, "Â! Yeryüzünden kaybolup gittiğimiz
de mi, gerçekten biz mi kesinlikle yeniden yaratılacağız?" de-
diler. Fakat onlar, Rablerine kavuşmayı inkâr eden kâfirlerdir.
11- De ki: "Size vekil kılınan ölüm meleği canınızı alacak; sonra
da döndürülüp Rabbinize götürüleceksiniz!" 12- Suçluları, Rab-
lerinin huzurunda başlarını eğerek, "Ey Rabbimiz, gördük ve
işittik. Artık bizi geri çevir de, iyi bir iş yapalım; çünkü biz ke-
sin olarak inandık!" dedikleri vakit bir görsen!

وَلَوْ شِئْنَا لَاٰتَيْنَا كُلَّ نَفْسٍ هُدٰيهَا وَلٰكِنْ حَقَّ
الْقَوْلُ مِنّ۪ي لَاَمْلَئَنَّ جَهَنَّمَ مِنَ الْجِنَّةِ وَالنَّاسِ
اَجْمَع۪ينَ ﴿١٣﴾ فَذُوقُوا بِمَا نَس۪يتُمْ لِقَٓاءَ يَوْمِكُمْ
هٰذَاۚ اِنَّا نَس۪ينَاكُمْ وَذُوقُوا عَذَابَ الْخُلْدِ بِمَا
كُنْتُمْ تَعْمَلُونَ ﴿١٤﴾ اِنَّمَا يُؤْمِنُ بِاٰيَاتِنَا الَّذ۪ينَ اِذَا
ذُكِّرُوا بِهَا خَرُّوا سُجَّدًا وَسَبَّحُوا بِحَمْدِ رَبِّهِمْ
وَهُمْ لَا يَسْتَكْبِرُونَ ﴿١٥﴾ تَتَجَافٰى جُنُوبُهُمْ عَنِ
الْمَضَاجِعِ يَدْعُونَ رَبَّهُمْ خَوْفًا وَطَمَعًاۘ وَمِمَّا
رَزَقْنَاهُمْ يُنْفِقُونَ ﴿١٦﴾ فَلَا تَعْلَمُ نَفْسٌ مَٓا اُخْفِيَ
لَهُمْ مِنْ قُرَّةِ اَعْيُنٍۚ جَزَٓاءً بِمَا كَانُوا يَعْمَلُونَ ﴿١٧﴾
اَفَمَنْ كَانَ مُؤْمِنًا كَمَنْ كَانَ فَاسِقًاؕ لَا يَسْتَوُنَ ﴿١٨﴾

ve lev şi'nâ le-âteynâ külle nefsin hüdâhâ ve lâkin hakka'l-kavlü minnî le'emle'enne cehenneme mine'l-cinneti ve'n-nâsi ecma'în (13) fe-zûkû bi-mâ nesîtüm likâ'e yevmiküm hâzâ, innâ nesînâküm ve zûkû 'azâbe'l-huldi bi-mâ küntüm ta'melûn (14) İnnemâ yü'minü bi-âyâtine'l-lezîne izâ zükkirû bihê harrû süccedev ve sebbehû bi-hamdi rabbihim ve hüm lâ yestekbirûn (Secde Âyeti) (15) Tetecâfâ cünûbühüm 'ani'l-medâci'i yed'ûne rabbehüm havfe'v ve tame'â, ve mi'm-mâ razeknâhüm yünfikûn (16) Fe-lâ ta'lemü nefsü'm-mâ ühfiye lehüm-min kurrati e'yün, cezâe'm-bimâ kânû ya'melûn (17) E-fe-men kâne mü'minen ke-men kâne fâsikâ, lâ yestevûn (18)

13- Eğer biz dileseydik, herkesi doğru yola erdirirdik; fakat benden, "Muhakkak ve muhakkak, cehennemi tamamen insanlarla ve cinlerle dolduracağım" sözü çıktı. **14-** O halde, bu günün gelip çatmasını unuttuğunuz için tadın bakalım azâbı!- İşte biz de sizi unuttuk ve yapıp durduğunuz işler yüzünden ebedi azâbı tadın! **15-** Bizim âyetlerimize ancak, onlarla kendilerine öğüt verildiği zaman secdeye kapananlar, Rablerini hamd ile tesbih edenler ve kibirlenmeyenler îmân ederler. **16-** Yanları yataklardan uzaklaşır, korku ve ümit içinde Rablerine duâ ederler ve kendilerine verdiğimiz rızıklardan hayra sarf ederler. **17-** Şimdi, yaptıkları işlerin mükafatı olarak onlar için saklanan gözler aydınlığını kimse bilemez! **18-** Öyle ya! Mü'min olan, fâsık gibi olur mu? Onlar eşit olamazlar.

اَمَّا الَّذ۪ينَ اٰمَنُوا وَعَمِلُوا الصَّالِحَاتِ فَلَهُمْ
جَنَّاتُ الْمَأْوٰىۘ نُزُلاً بِمَا كَانُوا يَعْمَلُونَ
﴿١٩﴾ وَاَمَّا الَّذ۪ينَ فَسَقُوا فَمَأْوٰيهُمُ النَّارُۜ كُلَّمَٓا
اَرَادُٓوا اَنْ يَخْرُجُوا مِنْهَٓا اُع۪يدُوا ف۪يهَا وَق۪يلَ
لَهُمْ ذُوقُوا عَذَابَ النَّارِ الَّذ۪ي كُنْتُمْ بِه۪
تُكَذِّبُونَ ﴿٢٠﴾ وَلَنُذ۪يقَنَّهُمْ مِنَ الْعَذَابِ الْاَدْنٰى
دُونَ الْعَذَابِ الْاَكْبَرِ لَعَلَّهُمْ يَرْجِعُونَ ﴿٢١﴾
وَمَنْ اَظْلَمُ مِمَّنْ ذُكِّرَ بِاٰيَاتِ رَبِّه۪ ثُمَّ اَعْرَضَ
عَنْهَاۜ اِنَّا مِنَ الْمُجْرِم۪ينَ مُنْتَقِمُونَ ﴿٢٢﴾ وَلَقَدْ
اٰتَيْنَا مُوسَى الْكِتَابَ فَلَا تَكُنْ ف۪ي مِرْيَةٍ مِنْ
لِقَٓائِه۪ وَجَعَلْنَاهُ هُدًى لِبَن۪ٓي اِسْرَٓائ۪يلَۚ ﴿٢٣﴾

**Emme'l-lezîne âmenû ve amilû-ssâlihâti felehum cennâtu-l
me'vâ, nuzulem bimâ kânû ya'melûn (19) Ve emme'l-lezîne
fesekû fe-me'vâhümü'n-nâr, küllemâ erâdû ey-yahrucû
minhâ ü'îdû fîhâ ve kîle lehüm zûkû 'azâbe'n-nâri'l-lezî
küntüm-bihî tükezzibûn (20) Ve le nüzîkannehüm-mine'l-
'azâbi'l-ednâ dûne'l-'azâbi'l-ekberi le'allehüm yarci'ûn (21)
Ve men ezlemü mi'm-men zükkira bi-âyâti rabbihî sümme
e'rada 'anhâ, innâ mine'l-mücrimîne müntekımûn (22) Ve le-
kad âteynâ mûsa'l-kitâbe fe-lâ tekün fî miryeti'm-mi'l-likâ'ihî
ve ce'alnâhü hüde'l-li-benî israîl (23)**

19- Îmân edip iyi işler yapanların, yaptıklarına karşılık konakla-
yacakları Me'vâ cennetleri vardır. **20-** Ama fâsıklık yapanların
sığınacakları yer de ateştir. Onlar oradan ne zaman çıkmak is-
teseler, içeriye geri çevrilirler ve kendilerine, "Haydi, yalanlayıp
durduğunuz o ateşin azâbını tadın!" denilir. **21-** Şu muhakkak
ki, onlara en büyük azâptan önce, o yakın azâptan tattıraca-
ğız. Umulur ki dönerler. **22-** Rabbinin âyetleriyle nasihat edi-
lip de, sonra onlardan yüz çeviren kimseden daha zâlim kim
olabilir? Muhakkak biz, suçlulardan intikam alırız. **23-** Andol-
sun ki biz, vaktiyle Mûsâ'ya kitap vermiştik. Şimdi sen, O'na
kavuşmaktan şüpheye düşme. Biz onu, İsrail oğulları için bir
hidâyet rehberi yapmıştık.

وَجَعَلْنَا مِنْهُمْ اَئِمَّةً يَهْدُونَ بِاَمْرِنَا لَمَّا صَبَرُواؕ
وَكَانُوا بِاٰيَاتِنَا يُوقِنُونَ ﴿٢٤﴾ اِنَّ رَبَّكَ هُوَ يَفْصِلُ
بَيْنَهُمْ يَوْمَ الْقِيٰمَةِ فِيمَا كَانُوا فِيهِ يَخْتَلِفُونَ
﴿٢٥﴾ اَوَلَمْ يَهْدِ لَهُمْ كَمْ اَهْلَكْنَا مِنْ قَبْلِهِمْ مِنَ
الْقُرُونِ يَمْشُونَ فِي مَسَاكِنِهِمْؕ اِنَّ فِي ذٰلِكَ لَاٰيَاتٍؕ
اَفَلَا يَسْمَعُونَ ﴿٢٦﴾ اَوَلَمْ يَرَوْا اَنَّا نَسُوقُ الْمَٓاءَ
اِلَى الْاَرْضِ الْجُرُزِ فَنُخْرِجُ بِهِ زَرْعًا تَاْكُلُ مِنْهُ
اَنْعَامُهُمْ وَاَنْفُسُهُمْؕ اَفَلَا يُبْصِرُونَ ﴿٢٧﴾ وَيَقُولُونَ
مَتٰى هٰذَا الْفَتْحُ اِنْ كُنْتُمْ صَادِقِينَ ﴿٢٨﴾ قُلْ يَوْمَ الْفَتْحِ
لَا يَنْفَعُ الَّذِينَ كَفَرُٓوا اِيمَانُهُمْ وَلَا هُمْ يُنْظَرُونَ
﴿٢٩﴾ فَاَعْرِضْ عَنْهُمْ وَانْتَظِرْ اِنَّهُمْ مُنْتَظِرُونَ ﴿٣٠﴾

Ve ce'alnâ minhüm e'immete'y-yehdûne bi-emrinâ lemmâ
saberû ve kânû bi'âyâtinâ yûkınûn (24) İnne rabbeke hüve yef-
sılü beynehüm yevme'l-kıyâmeti fîmâ kânû fîhi yahtelifûn
(25) E-ve-lem yehdi lehüm kem ehleknâ min kablihim-mine'l-
kurûni yemşûne fî mesâkinihim, inne fî zâlike le-âyât, e-fe-lâ
yesme'ûn (26) E-ve-lem yarav ennâ nesûku'l-mâ'e ile'l-ardi'l-
cüruzi fe-nühricü bihî zer'an te'külü minhü en'âmühüm ve
enfüsühüm, e-fe-lâ yübsırûn (27) Ve yekûlûne metâ hâze'l-
fethu in küntüm sâdikîn (28) Kul yevme'l-fethi lâ yenfe'u'l-
lezîne keferû îmânühüm ve lâ hüm yünzarûn (29) Fe-e'rid
'anhüm ve-ntezir, innehüm-müntezirûn (30)

24- İçlerinden, sabrettikleri zaman emrimizle doğru yola er-
diren önder imamlar yetiştirmiştik; onlar âyetlerimize kesin
inançla sarılmışlardı. 25- Şüphesiz ki Rabbin, şimdi ayrılığa
düştükleri şeyler hakkında kıyâmet günü aralarını ayıracaktır.
26- Kendilerinden evvel, yurtlarında gezindikleri nice nesiller
helâk etmiş olmamız, hâlâ daha onları yola getirmedi mi? El-
bette bunda şüphesiz ibretler vardır. Hâlâ kulak vermeyecek-
ler mi? 27- Bizim çorak bir toprağa suyu gönderip de, onunla
bir ekin çıkardığımızı hiç görmediler mi? Ki ondan kendileri de
yiyor, hayvanları da. Hâlâ gözlerini açmayacaklar mı? 28- Bir
de, "Eğer doğru söylüyorsanız, o fetih ne zaman?" diyorlar.
29- De ki: " İnkâr edenlere o fetih günü inanmaları bir fayda
vermez ve onlara göz açtırılmaz!" 30- Şimdi onlardan yüz çe-
vir ve bekle; çünkü onlarda beklemekteler.

سُورَةُ الْفَتْحِ

FETİH SÛRESİ
29 Âyet

بِسْمِ اللّٰهِ الرَّحْمٰنِ الرَّح۪يمِ

اِنَّا فَتَحْنَا لَكَ فَتْحاً مُب۪يناًۙ ﴿١﴾ لِيَغْفِرَ لَكَ اللّٰهُ مَا
تَقَدَّمَ مِنْ ذَنْبِكَ وَمَا تَاَخَّرَ وَيُتِمَّ نِعْمَتَهُ عَلَيْكَ
وَيَهْدِيَكَ صِرَاطاً مُسْتَق۪يماًۙ ﴿٢﴾ وَيَنْصُرَكَ اللّٰهُ
نَصْراً عَز۪يزاً ﴿٣﴾ هُوَ الَّذ۪ٓي اَنْزَلَ السَّك۪ينَةَ ف۪ي
قُلُوبِ الْمُؤْمِن۪ينَ لِيَزْدَادُٓوا ا۪يمَاناً مَعَ ا۪يمَانِهِمْۜ
وَلِلّٰهِ جُنُودُ السَّمٰوَاتِ وَالْاَرْضِۜ وَكَانَ اللّٰهُ عَل۪يماً
حَك۪يماًۙ ﴿٤﴾ لِيُدْخِلَ الْمُؤْمِن۪ينَ وَالْمُؤْمِنَاتِ جَنَّاتٍ
تَجْر۪ي مِنْ تَحْتِهَا الْاَنْهَارُ خَالِد۪ينَ ف۪يهَا وَيُكَفِّرَ عَنْهُمْ
سَيِّـَٔاتِهِمْۜ وَكَانَ ذٰلِكَ عِنْدَ اللّٰهِ فَوْزاً عَظ۪يماًۙ ﴿٥﴾

OKUNUŞU

Bismillâhi'r-rahmâni'r-rahîm

İnnâ fetahnâ leke fetha'm-mübîne (1) Li yağfira lekellâhü mâ tekaddeme min zembike ve mâ teahhara, ve yütimme nı'metehû 'aleyke ve yehdiyeke sırâta'm-müstekîmâ (2) Ve yensurakellâhü nasran 'azîze (3) Hüvellezî enzele's-sekînete fî kulûbi'l-mü'minîne li-yezdâdû îmâne'm-me'a îmânihim. Ve lillâhi cünûdü's-semâvâti ve'l-erd. Ve kânellâhü 'alîmen hakîme (4) Li yüdhile'l-mü'minîne ve'l-mü'minâti cennâtin tecrî min tahtihe'l-enhâru hâlidîne fîhâ ve yükeffira 'an-hüm seyyi'âtihim. Ve kâne zâlike 'indellâhi fevzen azîme (5)

MEÂLİ

Medine'de inmiştir, 29 âyettir.

Rahmân ve Rahîm olan Allah'ın adıyla.

1- Gerçekten biz, sana apaçık bir fetih açtık. 2- Böylelikle Allah, senin geçmiş ve gelecek hatalarını bağışlayıp üzerindeki nimetini tamamlayacak ve seni dosdoğru bir yola çıkaracaktır. 3- Ve eşsiz bir zafer ile Allah, sana yardım edecek ve üstün kılacaktır. 4- İmanlarının üstüne îmân katsınlar diye inananların kalplerine huzur ve sükûnet indiren O'dur. Öyle ya, bütün o göklerin ve yerin orduları Allah'ındır. Allah, her şeyi bilendir, hikmet sahibidir. 5- İnanan erkekleri ve inanan kadınları, ebedi olarak içinde kalmak üzere altından ırmaklar akan cennetlere koymak ve onların hatalarını örtmek için... Ki Allah katında bu, büyük bir kurtuluştur.

وَيُعَذِّبَ الْمُنَافِق۪ينَ وَالْمُنَافِقَاتِ وَالْمُشْرِك۪ينَ
وَالْمُشْرِكَاتِ الظَّٓانّ۪ينَ بِاللّٰهِ ظَنَّ السَّوْءِۜ عَلَيْهِمْ
دَٓائِرَةُ السَّوْءِۚ وَغَضِبَ اللّٰهُ عَلَيْهِمْ وَلَعَنَهُمْ
وَاَعَدَّ لَهُمْ جَهَنَّمَۜ وَسَٓاءَتْ مَص۪يرًا ﴿٦﴾ وَلِلّٰهِ جُنُودُ
السَّمٰوَاتِ وَالْاَرْضِۜ وَكَانَ اللّٰهُ عَز۪يزًا حَك۪يمًا
﴿٧﴾ اِنَّٓا اَرْسَلْنَاكَ شَاهِدًا وَمُبَشِّرًا وَنَذ۪يرًاۙ ﴿٨﴾
لِتُؤْمِنُوا بِاللّٰهِ وَرَسُولِه۪ وَتُعَزِّرُوهُ وَتُوَقِّرُوهُۜ
وَتُسَبِّحُوهُ بُكْرَةً وَاَص۪يلًا ﴿٩﴾ اِنَّ الَّذ۪ينَ
يُبَايِعُونَكَ اِنَّمَا يُبَايِعُونَ اللّٰهَۜ يَدُ اللّٰهِ فَوْقَ اَيْد۪يهِمْۚ
فَمَنْ نَكَثَ فَاِنَّمَا يَنْكُثُ عَلٰى نَفْسِه۪ۚ وَمَنْ اَوْفٰى
بِمَا عَاهَدَ عَلَيْهُ اللّٰهَ فَسَيُؤْت۪يهِ اَجْرًا عَظ۪يمًا ﴿١٠﴾

Ve yü' azzibe'l-münâfikîne ve'l-münafikâti ve'l müşrikîne vel
müşrikâti'z-zânnîne billâhi zanne's-sev', 'aleyhim dâ'iratü's-
sev'. Ve ğadıbellâhü 'aleyhim ve le'anehüm ve e'adde lehüm
cehennem, ve sâ'et masîra (6) Ve lillâhi cünûdü's-semâvâti ve'l-
erd, ve kânellâhü azîzen hakîme (7) İnnâ erselnâke şâhide'v-ve
mübeşşira'v-ve nezîrâ (8) Li-tü'minû billâhi ve rasûlihî ve
tü'azzirûhü ve tüvekkırûh, ve tüsebbihûhü bükrate'v-ve
esîlâ (9) İnne'l-lezîne yübâyi'ûneke innemâ yübâyi'ûnellâh,
yedüllâhi fevka eydîhim. Fe-men nekese fe-innemâ yen-
küsü 'alâ nefsih, ve men evfâ bi-mâ 'âhede 'aleyhüllâhe fe-
se-yü'tîhi ecran azîme (10)

6- Ve Allah'a karşı kötü zanda bulunan münafık erkeklerle münafık kadınları, müşrik erkeklerle müşrik kadınları, o kötülük girdâbı başlarına dönesiceleri azaba çarptırmak için... Ki Allah onlara gazap etmiş, onları lanetlemiş ve kendilerine cehennemi hazırlamıştır. Ona gidiş ise ne kötüdür! 7- Evet, o göklerin ve yerin bütün orduları Allah'ındır ve Allah, çok güçlüdür, hikmet sahibidir. 8- Doğrusu biz seni, hem bir şâhit, hem bir müjdeleyici ve hem de bir uyarıcı olarak gönderdik. 9- Ki, Allah'a ve peygamberine îmân edesiniz de, ona takviye ve tazimde bulunasınız, O'na sabah akşam tesbih edesiniz. 10- Şüphesiz ki sana biat edenler, sırf Allah'a biat etmiş olurlar. Allah'ın -kudret- eli, onların elinin üstündedir. Onun için her kim cayarsa, sadece kendi aleyhine cayar. Her kim de Allah'a verdiği sözü yerine getirirse, O da ona yarın büyük bir mükâfat verecektir.

سَيَقُولُ لَكَ الْمُخَلَّفُونَ مِنَ الْاَعْرَابِ شَغَلَتْنَٓا
اَمْوَالُنَا وَاَهْلُونَا فَاسْتَغْفِرْ لَنَاۚ يَقُولُونَ
بِاَلْسِنَتِهِمْ مَا لَيْسَ فِي قُلُوبِهِمْۜ قُلْ فَمَنْ يَمْلِكُ
لَكُمْ مِنَ اللّٰهِ شَيْـًٔا اِنْ اَرَادَ بِكُمْ ضَرًّا اَوْ اَرَادَ
بِكُمْ نَفْعًاۜ بَلْ كَانَ اللّٰهُ بِمَا تَعْمَلُونَ خَبِيرًا ﴿١١﴾
بَلْ ظَنَنْتُمْ اَنْ لَنْ يَنْقَلِبَ الرَّسُولُ وَالْمُؤْمِنُونَ
اِلٰٓى اَهْلِيهِمْ اَبَدًا وَزُيِّنَ ذٰلِكَ فِي قُلُوبِكُمْ وَظَنَنْتُمْ
ظَنَّ السَّوْءِۚ وَكُنْتُمْ قَوْمًا بُورًا ﴿١٢﴾ وَمَنْ لَمْ يُؤْمِنْ
بِاللّٰهِ وَرَسُولِهٖ فَاِنَّٓا اَعْتَدْنَا لِلْكَافِرِينَ سَعِيرًا ﴿١٣﴾
وَلِلّٰهِ مُلْكُ السَّمٰوَاتِ وَالْاَرْضِۜ يَغْفِرُ لِمَنْ يَشَٓاءُ
وَيُعَذِّبُ مَنْ يَشَٓاءُۜ وَكَانَ اللّٰهُ غَفُورًا رَحِيمًا ﴿١٤﴾

Se-yekûlü leke'l-mühallefûne mine'l a'râbi şeğaletnâ emvâlünâ ve ehlûnâ fe-stağfir lenâ. Yekûlûne bi-elsinetihim-mâ leyse fî kulûbihim. Kul fe-mey-yem-likü leküm- minellâhi şey'en, in erâde biküm darran ev erâde biküm nef'â. Bel kânellâhü bimâ ta'melûne habîra (11) Bel zanentüm el-ley yen kalibe'r-rasûlü ve'l-mü'minûne ilâ ehlîhim ebede'v-ve züyyine zâlike fî kulûbikum ve zanentum zanne's-sev', ve küntüm kavme'm bûrâ (12) Ve mel-lem yü'mi'm-billâhi ve rasûlihî fe innâ a'tednâ li'l-kâfirîne sa'îra (13) Ve lillâhi mülkü's-semâvâti ve'l-erd. Yağfiru li-mey-yeşâ'ü ve yü'azzibü mey-yeşâ'. Ve kânellâhü ğafûra'r-rahîme (14)

11- Bedevîlerden geri bırakılanlar yakında sana, "Bizleri mallarımız ve âilelerimiz oyaladı. Dolayısıyla bizim için bağışlanma dile" diyecekler. Kalplerinde olmayan şeyi ağızlarıyla söylüyorlar. De ki: "Eğer sizin hakkınızda bir zarar irade buyurursa veya size bir yarar sağlamayı dilerse Allah'a karşı kimin bir şeye gücü yetebilir? Doğrusu Allah, bütün yaptıklarınızdan haberdardır." **12-** Doğrusu siz, peygamber ve mü'minler ebediyen âilelerine dönemeyecekler sandınız ve bu, kalplerinizde allanıp pullandı. Kötü bir zanna kapıldınız da düşkün bir topluluk oldunuz. **13-** Her kim Allah'a ve peygamberine inanmazsa, bilsin ki biz kâfirler için çılgın bir ateş hazırlamışızdır. **14-** Bütün o göklerin ve yerin mülkü Allah'ındır. Kimine diler bağışlar, kimine de diler azap eder ve Allah çok bağışlayıcıdır, merhamet sahibidir.

سَيَقُولُ الْمُخَلَّفُونَ اِذَا انْطَلَقْتُمْ اِلٰى مَغَانِمَ
لِتَاْخُذُوهَا ذَرُونَا نَتَّبِعْكُمْۚ يُرِيدُونَ اَنْ يُبَدِّلُوا
كَلَامَ اللّٰهِۜ قُلْ لَنْ تَتَّبِعُونَا كَذٰلِكُمْ قَالَ اللّٰهُ مِنْ قَبْلُۚ
فَسَيَقُولُونَ بَلْ تَحْسُدُونَنَاۜ بَلْ كَانُوا لَا يَفْقَهُونَ اِلَّا
قَلِيلًا ﴿١٥﴾ قُلْ لِلْمُخَلَّفِينَ مِنَ الْاَعْرَابِ سَتُدْعَوْنَ اِلٰى
قَوْمٍ اُولِى بَاْسٍ شَدِيدٍ تُقَاتِلُونَهُمْ اَوْ يُسْلِمُونَۚ فَاِنْ
تُطِيعُوا يُؤْتِكُمُ اللّٰهُ اَجْرًا حَسَنًاۚ وَاِنْ تَتَوَلَّوْا كَمَا
تَوَلَّيْتُمْ مِنْ قَبْلُ يُعَذِّبْكُمْ عَذَابًا اَلِيمًا ﴿١٦﴾ لَيْسَ عَلَى
الْاَعْمٰى حَرَجٌ وَلَا عَلَى الْاَعْرَجِ حَرَجٌ وَلَا عَلَى الْمَرِيضِ
حَرَجٌۜ وَمَنْ يُطِعِ اللّٰهَ وَرَسُولَهُ يُدْخِلْهُ جَنَّاتٍ تَجْرِى
مِنْ تَحْتِهَا الْاَنْهَارُۚ وَمَنْ يَتَوَلَّ يُعَذِّبْهُ عَذَابًا اَلِيمًا ﴿١٧﴾

Se yekûlü'l- mühallefûne ize-ntalaktüm ilâ meğânime li-
te'huzûhâ zerûnâ nettebi'küm. Yürîdûne ey-yübeddilû
kelâmellâh. Kul-len tettebi'ûnâ kezâliküm kâle-llâhü min
kabl. Fe-se-yekûlûne bel tahsüdûnenâ, bel kânû lâ yefkahûne
illâ kalîle (15) Kul-li'l-muhallefîne mine'l-a'râbi se tüd'avne
ilâ kavmin ulî be'sin şedîdin tukâtilûnehum ev yuslımûn.
Fe-in tutî'û yü'tîkümüllahü ecran hasenâ. Ve in tetevellev
kemâ tevelleytüm-min kablü yü'azzibküm azâben elîme
(16) Leyse 'ale'l-a'mâ haracü'v-ve lâ 'ale'l-a'raci haracü'v-ve
lâ 'ale'l-merîdi harac, ve mey-yüti'illâhe ve rasûlehû yüd-
hilhü cennâtin tecrî min tahtihe'l-enhâr. Ve mey-yetevelle
yü'azzibhü azâben elîme (17)

15- Sizler bir takım ganimetleri almak için koştuğunuz zaman o geri bırakılanlar yakında diyecekler ki: "Bırakın bizi, arkanızdan gelelim." Allah'ın sözünü değiştirmek isteyecekler. De ki: "Siz bizim arkamızdan asla gelmeyeceksiniz. Allah, sizin hakkınızda daha önce böyle buyurdu." Ona da diyecekler ki: "Hayır, bizi kıskanıyorsunuz." Hayır, onlar ince anlamayan, anlayışları kıt olan kimselerdir. **16-** O geri bırakılan bedevîlere de ki: "Siz, ileride çok güçlü savaşçı bir topluluğa çağrılacaksınız. Onlarla savaşırsınız, ya da müslüman olurlar. Eğer itaat ederseniz, o zaman Allah size güzel bir mükâfat verir ve eğer bundan önce yaptığınız gibi aksine giderseniz, sizi elem verici bir azap ile cezalandırır." **17-** Âmâya güçlük yok, topala güçlük yok, hastaya da güçlük yok. Bununla beraber her kim Allah'a ve peygamberine itaat ederse, onu altından ırmaklar akan cennetlere koyar. Her kim de aksine giderse, onu da elem verici bir azap ile cezalandırır.

لَقَدْ رَضِىَ اللّٰهُ عَنِ الْمُؤْمِنٖينَ اِذْ يُبَايِعُونَكَ تَحْتَ
الشَّجَرَةِ فَعَلِمَ مَا فٖى قُلُوبِهِمْ فَاَنْزَلَ السَّكٖينَةَ
عَلَيْهِمْ وَاَثَابَهُمْ فَتْحًا قَرٖيبًاۙ ﴿١٨﴾ وَمَغَانِمَ كَثٖيرَةً
يَأْخُذُونَهَاۜ وَكَانَ اللّٰهُ عَزٖيزًا حَكٖيمًا ﴿١٩﴾ وَعَدَكُمُ
اللّٰهُ مَغَانِمَ كَثٖيرَةً تَأْخُذُونَهَا فَعَجَّلَ لَكُمْ هٰذِهٖ
وَكَفَّ اَيْدِىَ النَّاسِ عَنْكُمْۚ وَلِتَكُونَ اٰيَةً لِلْمُؤْمِنٖينَ
وَيَهْدِيَكُمْ صِرَاطًا مُسْتَقٖيمًاۙ ﴿٢٠﴾ وَاُخْرٰى لَمْ تَقْدِرُوا
عَلَيْهَا قَدْ اَحَاطَ اللّٰهُ بِهَاۜ وَكَانَ اللّٰهُ عَلٰى كُلِّ شَیْءٍ
قَدٖيرًا ﴿٢١﴾ وَلَوْ قَاتَلَكُمُ الَّذٖينَ كَفَرُوا لَوَلَّوُا الْاَدْبَارَ
ثُمَّ لَا يَجِدُونَ وَلِيًّا وَلَا نَصٖيرًا ﴿٢٢﴾ سُنَّةَ اللّٰهِ الَّتٖى
قَدْ خَلَتْ مِنْ قَبْلُۚ وَلَنْ تَجِدَ لِسُنَّةِ اللّٰهِ تَبْدٖيلًا ﴿٢٣﴾

Le-kad radıyallâhü 'ani'l-mü'minîne iz yübâyi'ûneke tahte'ş-
şecerâti fe-'alime mâ fî kulûbihim fe-enzele's-sekînete 'aley-
him ve esâbehüm fethan karîbe (18) Ve meğânime kesîratey-
ye'huzûnehâ, ve kânellâhü azîzen hakîme (19) Ve'adekümü'llâhü
meğânime kesîraten te'huzûnehâ fe 'accele leküm hâzihî
ve keffe eydiye'n-nâsi 'anküm, ve li-tekûne âyete'l-lil
mü'minîne ve yehdiyeküm sırâta'm-müstekîme (20) Ve uhrâ
lem takdirû 'aleyhâ kad ehâtallâhü bihâ, ve kânellâhü 'alâ
külli şey'in kadîrâ (21) Ve lev kâtelekümü'l-lezîne keferû le-
vellevü'l-edbâra sümme lâ yecidûne veliyye'v-ve lâ nasîrâ
(22) Sünnetellâhi'l-letî kad halet min kabl, ve len tecide li-
sünnetillâhi tebdîlâ (23)

18- Gerçekten Allah, ağacın altında sana biat ederlerken o mü'minlerden hoşnut oldu. Kalplerinden geçeni bildi de üzerlerine o güveni indirdi ve kendilerini yakın bir fetih ile mükafatlandırdı. **19-** Ve alacakları bir çok ganimetlerle de... Allah çok güçlüdür, hikmet sahibidir. **20-** Allah size bir çok ganimetler vaat buyurdu, onları alacaksınız. Şimdilik bunu size peşin verdi ve sizden o insanların ellerini çekti ki, mü'minlere bir delil olsun ve sizi doğru bir yola çıkarsın. **21-** Henüz elde edemediğiniz, fakat Allah'ın kuşattığı bir diğerganimet- daha var ki... Allah, her şeye kadirdir. **22-** Eğer o inkâr edenler sizinle çarpışsaydılar, mutlaka arkalarını döneceklerdi. Sonra da ne bir dost bulabilecekler, ne de bir yardımcı. **23-** Allah'ın öteden beri cereyan eden kanunu, ki Allah'ın o kanununda bir değişiklik bulamazsın.

وَهُوَ الَّذٖى كَفَّ اَيْدِيَهُمْ عَنْكُمْ وَاَيْدِيَكُمْ عَنْهُمْ
بِبَطْنِ مَكَّةَ مِنْ بَعْدِ اَنْ اَظْفَرَكُمْ عَلَيْهِمْ ط وَكَانَ اللّٰهُ
بِمَا تَعْمَلُونَ بَصٖيرًا ﴿٢٤﴾ هُمُ الَّذٖينَ كَفَرُوا وَصَدُّوكُمْ
عَنِ الْمَسْجِدِ الْحَرَامِ وَالْهَدْىَ مَعْكُوفًا اَنْ يَبْلُغَ مَحِلَّهُ ط
وَلَوْلَا رِجَالٌ مُؤْمِنُونَ وَنِسَاۤءٌ مُؤْمِنَاتٌ لَمْ تَعْلَمُوهُمْ
اَنْ تَطَؤُهُمْ فَتُصٖيبَكُمْ مِنْهُمْ مَعَرَّةٌ بِغَيْرِ عِلْمٍ ج لِيُدْخِلَ
اللّٰهُ فٖى رَحْمَتِهٖ مَنْ يَشَاۤءُ ج لَوْ تَزَيَّلُوا لَعَذَّبْنَا الَّذٖينَ كَفَرُوا
مِنْهُمْ عَذَابًا اَلٖيمًا ﴿٢٥﴾ اِذْ جَعَلَ الَّذٖينَ كَفَرُوا فٖى قُلُوبِهِمُ
الْحَمِيَّةَ حَمِيَّةَ الْجَاهِلِيَّةِ فَاَنْزَلَ اللّٰهُ سَكٖينَتَهُ عَلٰى
رَسُولِهٖ وَعَلَى الْمُؤْمِنٖينَ وَاَلْزَمَهُمْ كَلِمَةَ التَّقْوٰى
وَكَانُوۤا اَحَقَّ بِهَا وَاَهْلَهَا ط وَكَانَ اللّٰهُ بِكُلِّ شَىْءٍ عَلٖيمًا ع ﴿٢٦﴾

Ve hüvellezî keffe eydiyehüm 'anküm ve eydiyeküm 'an-
hüm bi batni mekkete mi'm-ba'di en azferaküm 'aleyhim, ve
kânellâhü bi-mâ ta'melûne besîra (24) Hümü'l-lezîne keferû ve
saddûküm 'ani'l-mescidi'l- harâmi ve'l-hedye ma'kûfen ey-
yeblüğa mehilleh, ve lev lâ ricâlü'm-mü'minûne ve nisâü'm-
mü'minâtü'l-lem ta'lemûhüm en tetaûhüm fe-tüsîbeküm-
minhüm-mearratü'm-bi-ğayri 'ilm, li-yüdhılellâhü fî rahmetihî
mey-yeşâ', lev tezeyyelû le-'azzebna'llezîne keferû minhüm
'azâben elîme (25) İz ce'ale'l-lezîne keferû fî kulûbihimü'l-
hamiyyete hamiyyete'l-câhiliyyeti fe-enzelellâhü sekînetehû
'alâ rasûlihî ve 'ale'l-mü'minîne ve elzemehüm kelimete't-
takvâ ve kânû ehakka bihâ ve ehlehâ, ve kânellâhü bi külli
şey'in 'alîme (26)

24- Mekke deresinde onlara karşı size zafer verdikten sonra, onların ellerini sizden, sizin ellerinizi de onlardan çeken O'dur. Allah, yaptıklarınızı görmektedir. 25- Onlar, inkâr edip de sizi Mescid- i Haram'dan ve bekletilmekte bulunan kurbanlık hediyeleri yerine ulaşmaktan alıkoyan kimselerdir. Eğer kendilerini tanımadığınız bir kısım mü'min erkekler ile mü'min kadınları bilmeyerek çiğneyip de şanınıza o yüzden bir leke gelecek olmasaydı- ellerinizi onlardan çektirmezdi. Allah, dilediğini rahmetine koyacağı için-böyle oldu. Eğer onlar -aradan- çekilebilselerdi, elbette içlerinden o inkâr edenleri acıklı bir azaba uğratırdık. 26- O inkâr edenler, kalplerinde bulunan o taassubu, cahiliye taassubunu kaynattıkları sırada, işte o vakit Allah, peygamberinin ve mü'minlerin üzerine ferahlık ve emniyetini indirdi, onları takva sözü ile –barış anlaşmasıyla– mükellef tuttu. Zaten onlar, buna daha layık idiler. Evet, Allah her şeyi bilendir.

لَقَدْ صَدَقَ اللّٰهُ رَسُولَهُ الرُّءْيَا بِالْحَقِّۚ لَتَدْخُلُنَّ الْمَسْجِدَ
الْحَرَامَ اِنْ شَٓاءَ اللّٰهُ اٰمِنِينَۙ مُحَلِّقِينَ رُؤُ۫سَكُمْ وَمُقَصِّرِينَۙ لَا
تَخَافُونَۜ فَعَلِمَ مَا لَمْ تَعْلَمُوا فَجَعَلَ مِنْ دُونِ ذٰلِكَ فَتْحًا قَرِيبًا
﴿٢٧﴾ هُوَ الَّذ۪ٓي اَرْسَلَ رَسُولَهُ بِالْهُدٰى وَد۪ينِ الْحَقِّ لِيُظْهِرَهُ
عَلَى الدّ۪ينِ كُلِّه۪ۜ وَكَفٰى بِاللّٰهِ شَه۪يدًاۜ ﴿٢٨﴾ مُحَمَّدٌ رَسُولُ اللّٰهِۜ
وَالَّذ۪ينَ مَعَهُٓ اَشِدَّٓاءُ عَلَى الْكُفَّارِ رُحَمَٓاءُ بَيْنَهُمْ تَرٰيهُمْ
رُكَّعًا سُجَّدًا يَبْتَغُونَ فَضْلًا مِنَ اللّٰهِ وَرِضْوَانًاۘ سِيمَاهُمْ ف۪ي
وُجُوهِهِمْ مِنْ اَثَرِ السُّجُودِۜ ذٰلِكَ مَثَلُهُمْ فِي التَّوْرٰيةِۚ وَمَثَلُهُمْ
فِي الْاِنْج۪يلِۗ كَزَرْعٍ اَخْرَجَ شَطْـَٔهُ فَاٰزَرَهُ فَاسْتَغْلَظَ فَاسْتَوٰى
عَلٰى سُوقِه۪ يُعْجِبُ الزُّرَّاعَ لِيَغ۪يظَ بِهِمُ الْكُفَّارَۜ وَعَدَ اللّٰهُ الَّذ۪ينَ
اٰمَنُوا وَعَمِلُوا الصَّالِحَاتِ مِنْهُمْ مَغْفِرَةً وَاَجْرًا عَظ۪يمًا ﴿٢٩﴾

Le kad sadekallâhü rasûlehü'r-ru'yâ bi'l-hakk. Le tedhulünne'l-mescide'l-harâme in şâ'ellâhü âminîne muhallikîne ru'ûseküm ve mükassırîne lâ tehâfûn. Fe-'alime mâ lem ta'lemû fe-ce'ale min dûni zâlike fethan karîbe (27) Hüve'l-lezî ersele rasûlehû bi'l-hüdâ ve dîni'l-hakkı li yüzhirahû 'ale'd-dîni küllih, ve kefâ billâhi şehîdâ
(28) Muhammedü'r-rasûlüllâh, ve'l-lezîne me'ahû eşiddâ'ü 'ale'l-küffâri ruhamâ'ü beynehüm terâhüm rukke'an süccedey-yebteğûne fadle'm-minellâhi ve rıdvâne, sîmâhüm fî vücûhihi'm-min eseri's-sücûd. Zâlike meselühüm fi't-tevrâti ve meselühüm fi'l-incîl. Ke zer'in ahraca şat'ehû fe âzerahû fe-stağleza fe-stevâ 'alâ sûkıhî yü'cibu'z-zurrâ'a li-yeğîza bihimü'l-küffâr. Ve'adellâhü'l-lezîne âmenû ve 'amilu's-sâlihâti minhüm-mağfirate'v-ve ecran 'azîmâ (29)

27- Andolsun ki, Allah gerçekten peygamberine o rüyayı hakkıyla doğru çıkardı. Yemin olsun ki, inşallah Mescid- i Haram'a emniyetler içinde, başlarınızı tıraş etmiş ve kısaltmış olarak, korkusuzca mutlaka gireceksiniz. Fakat sizin bilmediğiniz şeyleri bildi de, ondan önce yakın bir fetih nasip etti. **28-** Onu bütün dinlerin üstüne çıkarmak için peygamberini hidâyet rehberi ve hak din ile gönderen O'dur. Şâhit olarak da Allah yeter. **29-** Muhammed, Allah'ın peygamberidir. Onunla beraber olanlar ise kafirlere karşı çok çetin, kendi aralarında ise gayet merhametlidirler. Onları, cemaatle rüku yaparak, secde ederek Allah'tan lütuf ve hoşnutluk isterken görürsün. Yüzlerindeki nişâneleri, secdelerin eserindendir. Bu, onların Tevrât'taki vasıflarıdır; İncîl'deki vasıfları ise, filizini çıkarmış, derken onu güçlendirmiş, kalınlaşmış, gövdeleri üzerine dikilerek çiftçilerin hoşuna giden bir ekin gibidir ki, onlarla kafirleri öfkelendirmektedir. Onlardan îmân edip de hayırlı işler yapanlara Allah, hem bir bağışlama ve hem de büyük bir mükâfat vaat buyuruyor.

سُورَةُ الدُّخَانِ | DUHAN SÛRESİ

59 Âyet

بِسْمِ اللّٰهِ الرَّحْمٰنِ الرَّح۪يمِ

حٰمۜ ﴿١﴾ وَالْكِتَابِ الْمُب۪ينِۙ ﴿٢﴾ اِنَّٓا اَنْزَلْنَاهُ ف۪ي
لَيْلَةٍ مُبَارَكَةٍ اِنَّا كُنَّا مُنْذِر۪ينَ ﴿٣﴾ ف۪يهَا يُفْرَقُ
كُلُّ اَمْرٍ حَك۪يمٍۜ ﴿٤﴾ اَمْرًا مِنْ عِنْدِنَاۜ اِنَّا
كُنَّا مُرْسِل۪ينَۚ ﴿٥﴾ رَحْمَةً مِنْ رَبِّكَۜ اِنَّهُ هُوَ
السَّم۪يعُ الْعَل۪يمُۙ ﴿٦﴾ رَبِّ السَّمٰوَاتِ وَالْاَرْضِ
وَمَا بَيْنَهُمَاۢ اِنْ كُنْتُمْ مُوقِن۪ينَ ﴿٧﴾ لَٓا اِلٰهَ
اِلَّا هُوَ يُحْي۪ي وَيُم۪يتُۜ رَبُّكُمْ وَرَبُّ اٰبَٓائِكُمُ
الْاَوَّل۪ينَ ﴿٨﴾ بَلْ هُمْ ف۪ي شَكٍّ يَلْعَبُونَ ﴿٩﴾
فَارْتَقِبْ يَوْمَ تَأْتِي السَّمَٓاءُ بِدُخَانٍ مُب۪ينٍۙ ﴿١٠﴾

OKUNUŞU

Bismillâhi'r-rahmâni'r-rahîm

Hâ mîm (1) Ve'l-kitâbi'l-mubîn (2) İnnâ enzelnâhü fî leyleti'm-mubâ reketin innâ künnâ munzirîn (3) Fîhâ yüfraku küllü emrin hakîm (4) Emra'm-min 'indinâ, innâ künnâ mürsilîn (5) Rahmete'm-mi'r-rabbik, innehû hüve's-semî'u'l-'alîm (6) Rabbi's-semâvâti ve'l-erdi ve mâ beynehümâ, in küntüm mûkınîn (7) Lâ ilâhe illâ hüve yuhyî ve yümît. Rabbüküm ve rabbü âbâ'ikümü'l-evvelîn (8) Bel hüm fî şekkiy-yel'abûn (9) Fe-rtekıb yevme te'ti's-semâ'ü bi-duhâni'm-mubîn (10)

MEÂLİ

Mekke'de inmiştir, 59 âyettir.

Rahmân ve Rahîm olan Allah'ın adıyla.

1- Hâ, Mîm. 2- Apaçık kitaba yemin olsun ki, 3- Gerçekten biz onu mübârek bir gecede indirdik. Çünkü biz uyarıcı gönderiyorduk. 4- Bir gece ki, her hikmetli iş onda ayırt edilir. 5- Tarafımızdan bir emirle. Çünkü biz, peygamber gönderiyorduk. 6- Rabbinden bir rahmet olarak. Gerçekten O, hakkıyla işitendir, hakkıyla bilendir. 7- O, göklerin, yerin ve aralarındaki her şeyin Rabbidir; eğer kesin inanç sahibi iseniz. 8- O'ndan başka tanrı yoktur; hem diriltir, hem öldürür. Sizin de Rabbinizdir, önceki atalarınızın da Rabbidir. 9- Fakat onlar bir şüphe içinde oynuyorlar. 10- O halde, göğün apaçık bir duman ile geleceği günü gözetle.

يَغْشَى النَّاسَۜ هٰذَا عَذَابٌ اَل۪يمٌ ﴿١١﴾ رَبَّنَا اكْشِفْ
عَنَّا الْعَذَابَ اِنَّا مُؤْمِنُونَ ﴿١٢﴾ اَنّٰى لَهُمُ الذِّكْرٰى
وَقَدْ جَٓاءَهُمْ رَسُولٌ مُب۪ينٌۙ ﴿١٣﴾ ثُمَّ تَوَلَّوْا عَنْهُ
وَقَالُوا مُعَلَّمٌ مَجْنُونٌۢ ﴿١٤﴾ اِنَّا كَاشِفُوا الْعَذَابِ
قَل۪يلًا اِنَّكُمْ عَٓائِدُونَۢ ﴿١٥﴾ يَوْمَ نَبْطِشُ الْبَطْشَةَ
الْكُبْرٰىۚ اِنَّا مُنْتَقِمُونَ ﴿١٦﴾ وَلَقَدْ فَتَنَّا قَبْلَهُمْ
قَوْمَ فِرْعَوْنَ وَجَٓاءَهُمْ رَسُولٌ كَر۪يمٌۙ ﴿١٧﴾ اَنْ
اَدُّٓوا اِلَيَّ عِبَادَ اللّٰهِۜ اِنّ۪ي لَكُمْ رَسُولٌ اَم۪ينٌۙ ﴿١٨﴾
وَاَنْ لَا تَعْلُوا عَلَى اللّٰهِۚ اِنّ۪ٓي اٰت۪يكُمْ بِسُلْطَانٍ
مُب۪ينٍۚ ﴿١٩﴾ وَاِنّ۪ي عُذْتُ بِرَبّ۪ي وَرَبِّكُمْ اَنْ
تَرْجُمُونِۘ ﴿٢٠﴾ وَاِنْ لَمْ تُؤْمِنُوا ل۪ي فَاعْتَزِلُونِ ﴿٢١﴾

**Yağşe'n-nâs. Hâzâ 'azâbün elîm (11) Rabbene-kşif 'anne'l-
'azâbe innâ mu'minûn (12) Ennâ lehümü'z-zikrâ ve kad câ'ehüm
rasûlu'm-mubîn (13) Sümme tevellev 'anhü ve kâlû mu'allemü'm-
mecnûn (14) İnnâ kâşifü'l-'azâbi kalîlen inneküm â'idûn (15)
Yevme nebtışü'l-batşete'l kübrâ, innâ müntekımûn (16) Ve le-
kad fetennâ kablehüm kavme fir'avne ve câ'ehüm rasûlün
kerîm (17) En eddû ileyye 'ibâdellâh, innî leküm rasûlün emîn
(18) Ve el-lâ ta'lû 'alellâh, innî âtîküm-bi-sultâni'm-mubîn (19)
Ve innî 'uztü bi rabbî ve rabbiküm en tercumûn (20) Ve il-lem
tü'minû lî, fa'-tezilûn (21)**

11- Ki insanları saracaktır. Bu, gayet elem verici bir azaptır.
12- Derler ki: "Ey Rabbimiz! Bizden bu azâbı kaldır; çünkü biz
inanıyoruz." 13- Onlar için düşünüp ibret almak nerede? Oysa
kendilerine her şeyi apaçık anlatan bir peygamber de geldi.
14- Sonra onlar döndüler ve "Buna öğretilmiş, bu deli!" dedi-
ler. 15- Biz o azâbı kaldıracağız; fakat siz yine döneceksiniz.
16- Ama o büyük bir şiddetle sıkacağımız gün, şüphesiz in-
tikam alacağız. 17- Andolsun ki, onlardan önce de Firavun
kavmini fitneye düşürdük. Onlara da şöyle söyleyen şerefli bir
peygamber gelmişti; 18- "Allah'ın kullarını bana teslim edin;
çünkü ben, sizin için güvenilir bir peygamberim." 19- "Allah'a
karşı baş kaldırmayın. Çünkü ben size apaçık bir delil ile geli-
yorum." 20- "Haberiniz olsun ki ben, sizin beni taşlamanızdan
Rabbime ve Rabbinize sığındım." 21- "Onun için eğer bana
îmân etmezseniz, bari benden uzaklaşın."

فَدَعَا رَبَّهُ اَنَّ هٰؤُلَاۤءِ قَوْمٌ مُجْرِمُونَ ﴿٢٢﴾ فَاَسْرِ
بِعِبَادٖى لَيْلًا اِنَّكُمْ مُتَّبَعُونَ ﴿٢٣﴾ وَاتْرُكِ الْبَحْرَ
رَهْوًا اِنَّهُمْ جُنْدٌ مُغْرَقُونَ ﴿٢٤﴾ كَمْ تَرَكُوا
مِنْ جَنَّاتٍ وَعُيُونٍ ﴿٢٥﴾ وَزُرُوعٍ وَمَقَامٍ كَرٖيمٍ
﴿٢٦﴾ وَنَعْمَةٍ كَانُوا فٖيهَا فَاكِهٖينَ ﴿٢٧﴾ كَذٰلِكَ
وَاَوْرَثْنَاهَا قَوْمًا اٰخَرٖينَ ﴿٢٨﴾ فَمَا بَكَتْ عَلَيْهِمُ
السَّمَاۤءُ وَالْاَرْضُ وَمَا كَانُوا مُنْظَرٖينَ ﴿٢٩﴾
وَلَقَدْ نَجَّيْنَا بَنٖى اِسْرَاۤئٖلَ مِنَ الْعَذَابِ الْمُهٖينِ
﴿٣٠﴾ مِنْ فِرْعَوْنَ اِنَّهُ كَانَ عَالِيًا مِنَ الْمُسْرِفٖينَ
﴿٣١﴾ وَلَقَدِ اخْتَرْنَاهُمْ عَلٰى عِلْمٍ عَلَى الْعَالَمٖينَ
﴿٣٢﴾ وَاٰتَيْنَاهُمْ مِنَ الْاٰيَاتِ مَا فٖيهِ بَلٰۤؤٌا مُبٖينٌ ﴿٣٣﴾

Fe-de'â rabbehû enne hâ'ülâ'i kavmü'm-mücrimûn (22) Fe-
esri bi-'ibâdî leylen inneküm müttebe'ûn (23) Ve-truki'l-bahra
rahvâ, innehüm cündü'm-muğrakûn (24) Kem terakû min
cennâti'v-ve 'uyûn (25) Ve zurû'i'v-ve mekâmin kerîm (26) Ve
ne'metin kânû fîhâ fâkihîn (27) Kezâlik. Ve evrasnâhâ kavmen
âhârîn (28) Fe-mâ beket aleyhimü's-semâ'ü ve'l-erdu ve mâ
kânû münzarîn (29) Ve-le-kad necceynâ benî isrâ'île mine'l-
'azâbi'l-muhîn (30) Min fir'avn. İnnehû kâne âliye'm-mine'l-
müsrifîn (31) Ve-le-kad'i- hternâhüm 'alâ 'ilmin 'ale'l-âlemîn
(32) Ve âteynâhüm-mine'l-âyâti mâ fîhi belâ'um-mubîn (33)

22- Sonra da, "İşte bak, bunlar suçlu bir kavim!" diye Rabbine
duâ etti. **23-** Allah, "Hemen kullarımı geceleyin yola çıkar;
çünkü siz takip edileceksiniz." **24-** "Denizi açık bırak. Çünkü
onlar, ordu hâlinde gelip boğulacaklar" buyurdu. **25-** Neler
terk etmişlerdi; ne bahçeler, ne kaynaklar! **26-** Ne çiftlikler, ne
güzel makamlar! **27-** İçinde zevk sürdükleri ne nimet ve refah!
28- Evet işte böyle. Onların hepsini başka bir kavme miras bı-
raktık. **29-** Netice olarak, ne gök ağladı üzerlerine, ne yer ve ne
de kendilerine mühlet verildi. **30-** Andolsun ki, İsrail oğullarını
o aşağılayıcı azâptan biz kurtarmıştık. **31-** Firavun'dan. Çünkü
o, aşırı gitmekte en ileriydi. **32-** Andolsun ki, biz onları bir bilgi
dâhilinde âlemler üzerine seçmiştik. **33-** Onlara, içinde açık bir
imtihan bulunan mucizeler verdik.

اِنَّ هٰٓؤُلَٓاءِ لَيَقُولُونَۙ ﴿٣٤﴾ اِنْ هِىَ اِلَّا مَوْتَتُنَا
الْاُولٰى وَمَا نَحْنُ بِمُنْشَر۪ينَ ﴿٣٥﴾ فَاْتُوا بِاٰبَٓائِنَٓا اِنْ
كُنْتُمْ صَادِق۪ينَ ﴿٣٦﴾ اَهُمْ خَيْرٌ اَمْ قَوْمُ تُبَّعٍۙ وَالَّذ۪ينَ
مِنْ قَبْلِهِمْؕ اَهْلَكْنَاهُمْۘ اِنَّهُمْ كَانُوا مُجْرِم۪ينَ ﴿٣٧﴾
وَمَا خَلَقْنَا السَّمٰوَاتِ وَالْاَرْضَ وَمَا بَيْنَهُمَا
لَاعِب۪ينَ ﴿٣٨﴾ مَا خَلَقْنَاهُمَٓا اِلَّا بِالْحَقِّ وَلٰكِنَّ
اَكْثَرَهُمْ لَا يَعْلَمُونَ ﴿٣٩﴾ اِنَّ يَوْمَ الْفَصْلِ م۪يقَاتُهُمْ
اَجْمَع۪ينَۙ ﴿٤٠﴾ يَوْمَ لَا يُغْن۪ى مَوْلًى عَنْ مَوْلًى شَيْـًٔا
وَلَا هُمْ يُنْصَرُونَۙ ﴿٤١﴾ اِلَّا مَنْ رَحِمَ اللّٰهُؕ اِنَّهُ هُوَ
الْعَز۪يزُ الرَّح۪يمُ ﴿٤٢﴾ اِنَّ شَجَرَتَ الزَّقُّومِۙ ﴿٤٣﴾
طَعَامُ الْاَث۪يمِۛ ﴿٤٤﴾ كَالْمُهْلِۛ يَغْل۪ى فِى الْبُطُونِۙ ﴿٤٥﴾

İnne hâ'ülâ'i le-yekûlûn (34) İn hiye illâ mevtetune'l-ûlâ ve mâ
nahnu bi-munşerîn (35) Fe'tû bi-âbâ'inâ in küntüm sâdikîn (36)
E hüm hayrun em kavmu tübbe', ve'l-lezîne min kablihim,
ehleknâhüm innehüm kânû mücrimîn (37) Ve mâ halekne's-
semâvâti ve'l-erda ve mâ beynehümâ lâ'ibîn (38) Mâ halaknâ-
hümâ illâ bi'l-hakkı ve-lâkinne ekserahüm lâ ya'lemûn (39)
İnne yevme'l-fasli mîkâtühüm ecma'în (40) Yevme lâ yuğnî
mevlen 'am-mevlen şey'e'v-ve lâ hüm yünsarûn (41) İllâ me'r-
rahimellâh. İnnehû hüve'l-'azîzu'r-rahîm (42) İnne şecerate'z-
zakkûm (43) Ta'âmü'l-esîm (44) Ke'l-mühl, yağlî fi'l-butûn (45)

34- Fakat onlar şöyle diyorlar; **35-** "İlk ölümünüzden başka bir
şey yok ve biz yeniden diriltilecek değiliz." **36-** "Eğer doğru söy-
lüyorsanız, haydi getirin babalarımızı." **37-** Onlar mı daha hayırlı,
yoksa Tubba' kavmi ve onlardan öncekiler mi? Onların hepsini
helâk ettik; çünkü suçlu idiler. **38-** Biz, gökleri, yeri ve araların-
dakini oyun olsun diye yaratmadık. **39-** İkisini de, sadece gerçek
bir sebep üzere yarattık, fakat onların çoğu bilmezler. **40-** Ha-
beriniz olsun ki o ayırım günü, hepinizin belirlenmiş vaktidir.
41- O gün, dost dosttan bir şey defedemez ve hiçbir taraftan
yardım da alamazlar. **42-** Ancak Allah'ın rahmetiyle muame-
lede bulunduğu başka. Çünkü O, çok güçlüdür, çok merha-
metlidir. **43-** Şüphesiz ki o zakkum ağacı, **44-** Günahkârların
yemeğidir. **45-** Erimiş bakır gibi karınlarında kaynar.

كَغَلْيِ الْحَم۪يمِ ﴿٤٦﴾ خُذُوهُ فَاعْتِلُوهُ اِلٰى سَوَٓاءِ
الْجَح۪يمِۗ ﴿٤٧﴾ ثُمَّ صُبُّوا فَوْقَ رَاْسِه۪ مِنْ عَذَابِ
الْحَم۪يمِۜ ﴿٤٨﴾ ذُقْ اِنَّكَ اَنْتَ الْعَز۪يزُ الْكَر۪يمُ ﴿٤٩﴾ اِنَّ
هٰذَا مَا كُنْتُمْ بِه۪ تَمْتَرُونَ ﴿٥٠﴾ اِنَّ الْمُتَّق۪ينَ ف۪ي مَقَامٍ
اَم۪ينٍۙ ﴿٥١﴾ ف۪ي جَنَّاتٍ وَعُيُونٍۚ ﴿٥٢﴾ يَلْبَسُونَ مِنْ سُنْدُسٍ
وَاِسْتَبْرَقٍ مُتَقَابِل۪ينَۚ ﴿٥٣﴾ كَذٰلِكَۗ وَزَوَّجْنَاهُمْ
بِحُورٍ ع۪ينٍۜ ﴿٥٤﴾ يَدْعُونَ ف۪يهَا بِكُلِّ فَاكِهَةٍ اٰمِن۪ينَۙ
﴿٥٥﴾ لَا يَذُوقُونَ ف۪يهَا الْمَوْتَ اِلَّا الْمَوْتَةَ الْاُو۫لٰىۚ
وَوَقٰيهُمْ عَذَابَ الْجَح۪يمِۙ ﴿٥٦﴾ فَضْلًا مِنْ رَبِّكَۜ ذٰلِكَ
هُوَ الْفَوْزُ الْعَظ۪يمُ ﴿٥٧﴾ فَاِنَّمَا يَسَّرْنَاهُ بِلِسَانِكَ
لَعَلَّهُمْ يَتَذَكَّرُونَ ﴿٥٨﴾ فَارْتَقِبْ اِنَّهُمْ مُرْتَقِبُونَ ﴿٥٩﴾

Ke-ğalyi'l-hamîm (46) Huzûhü fa'tilûhu ilâ sevâ'i'l-cahîm (47)
Sümme subbû fevka ra'sihî min 'azâbi'l-hamîm (48) Zuk, inneke
ente'l-'azîzü'l-kerîm (49) İnne hâzâ mâ küntüm bihî temterûn
(50) İnne'l-müttekîne fî mekâmin emîn (51) Fî cennâti'v-ve 'uyûn
(52) Yelbesûne min sundusi'v-ve istebrakı'm-mutekâbilîn (53)
Kezâlik, ve zevvecnâhum bi-hûrîn 'în (54) Yed'ûne fîhâ bi-
külli fâkihetin âmînîn (55) Lâ yezûkûne fîhe'l-mevte ille'l-
mevtete'l-ûlâ. Ve vekâhüm 'azâbe'l-cahîm (56) Fadle'm-mi'r-
rabbik. Zâlike hüve'l-fevzü'l-azîm (57) Fe-innemâ yessernâhu
bi-lisânike le'allehum yetezekkerûn (58) Fe-rtekıb, innehum
murtekıbûn (59)

46- Sımsıcak suyun kaynaması gibi. **47-** Onu yaka paça tutun
da, cehennemin ortasına sürükleyin. **48-** Sonra da başının üs-
tüne kaynar su azâbından dökün. **49-** "Tat bakalım! Çünkü sen,
güçlüydün, şerefliydin." deyin. **50-** İşte sizin şüphe ettiğiniz ve
karşı geldiğiniz şey budur. **51-** Elbette Allah'tan korkanlar, gü-
venli bir makamdadırlar. **52-** Cennetlerde, pınar başlarında.
53- Atlastan ve parlak ipekten elbiseler giyerek karşı karşıya
otururlar. **54-** Evet böyle; hem onları iri gözlü hurilerle evlen-
dirmişizdir. **55-** Orada emniyet içinde, her türlü yemişi isteyip
getirtirler. **56-** İlk ölümden başka ölüm tatmazlar ve onları ce-
hennem azâbından korumuştur. **57-** Hepsi Rabbinden bir lü-
tuf olarak. İşte büyük kurtuluş ancak budur. **58-** Biz onu, belki
iyice düşünürler diye yalnız senin lisanınla kolaylaştırdık. **59-** O
halde bekle; çünkü onlar da bekliyorlar.

سُورَةُ الرَّحْمٰنِ

RAHMÂN SÛRESİ
78 Âyet

بِسْمِ اللّٰهِ الرَّحْمٰنِ الرَّح۪يمِ

اَلرَّحْمٰنُۙ ﴿١﴾ عَلَّمَ الْقُرْاٰنَۜ ﴿٢﴾ خَلَقَ الْاِنْسَانَۙ ﴿٣﴾
عَلَّمَهُ الْبَيَانَ ﴿٤﴾ اَلشَّمْسُ وَالْقَمَرُ بِحُسْبَانٍۖ ﴿٥﴾
وَالنَّجْمُ وَالشَّجَرُ يَسْجُدَانِ ﴿٦﴾ وَالسَّمَٓاءَ رَفَعَهَا
وَوَضَعَ الْم۪يزَانَۙ ﴿٧﴾ اَلَّا تَطْغَوْا فِي الْم۪يزَانِ ﴿٨﴾
وَاَق۪يمُوا الْوَزْنَ بِالْقِسْطِ وَلَا تُخْسِرُوا الْم۪يزَانَ
﴿٩﴾ وَالْاَرْضَ وَضَعَهَا لِلْاَنَامِۙ ﴿١٠﴾ ف۪يهَا فَاكِهَةٌۖ
وَالنَّخْلُ ذَاتُ الْاَكْمَامِ ﴿١١﴾ وَالْحَبُّ ذُو الْعَصْفِ
وَالرَّيْحَانُۚ ﴿١٢﴾ فَبِاَيِّ اٰلَٓاءِ رَبِّكُمَا تُكَذِّبَانِ ﴿١٣﴾
خَلَقَ الْاِنْسَانَ مِنْ صَلْصَالٍ كَالْفَخَّارِۙ ﴿١٤﴾

OKUNUŞU

Bismillâhi'r-rahmâni'r-rahîm.

Er-rahmân (1) 'Alleme'l-Kur'ân (2) Haleka'l-insân (3) 'Allemehü'l-beyân (4) Eş-şemsü ve'l-kameru bi-husbân (5) Ve'n-necmü ve'ş-şeceru yescüdân (6) Ve's-semâ'e rafe'ahâ ve veda'a'l-mîzân (7) Ellâ tatğav fi'l-mîzân (8) Ve ekîmü'l-vezne bi'l-kıstı ve lâ tuhsiru'l-mîzân (9) Ve'l-erda veda'ahâ li'l-enâm (10) Fihâ fâkihetü'v-ve'n-nahlü zâtü'l-ekmâm (11) Ve'l-habbü zü'l-'asfi ve'r-rayhân (12) Fe-bi eyyi âlâ'i rabbikümâ tükezzibân (13) Haleka'l-insâne min salsâlin ke'l-fahhar (14)

MEÂLİ

Mekke'de inmiştir, 78 âyettir.

Rahmân ve Rahîm olan Allah'ın adıyla.

1- Rahmân, 2- Kur'ân'ı öğretti. 3- İnsanı yarattı. 4- Ona, güzel anlatımı öğretti. 5- Güneş ve ay hesap iledir. 6- Çimen ve ağaç, secde ederler. 7- Bak şu güzel göğe! Ona yükseklik verdi, ölçüyü koydu. 8- Ki ölçüden taşmayasınız diye. 9- Tartıyı adaletle doğru tutun, tartıyı aksatmayın. 10- Yeryüzünü de, bütün canlılar için serdi. 11- Orada bir çok meyveler ve tomurcuklu hurma ağaçları vardır. 12- Yapraklı taneler ve hoş kokulu bitkiler vardır. 13- Şimdi, Rabbinizin hangi nimetlerine yalan dersiniz? 14- İnsanı, iyi pişmiş çanak gibi kuru bir çamurdan yarattı.

وَخَلَقَ الْجَٓانَّ مِنْ مَارِجٍ مِنْ نَارٍۚ ﴿١٥﴾ فَبِاَيِّ
اٰلَٓاءِ رَبِّكُمَا تُكَذِّبَانِ ﴿١٦﴾ رَبُّ الْمَشْرِقَيْنِ
وَرَبُّ الْمَغْرِبَيْنِۚ ﴿١٧﴾ فَبِاَيِّ اٰلَٓاءِ رَبِّكُمَا
تُكَذِّبَانِ ﴿١٨﴾ مَرَجَ الْبَحْرَيْنِ يَلْتَقِيَانِۙ ﴿١٩﴾
بَيْنَهُمَا بَرْزَخٌ لَا يَبْغِيَانِۚ ﴿٢٠﴾ فَبِاَيِّ اٰلَٓاءِ
رَبِّكُمَا تُكَذِّبَانِ ﴿٢١﴾ يَخْرُجُ مِنْهُمَا اللُّؤْلُؤُ
وَالْمَرْجَانُۚ ﴿٢٢﴾ فَبِاَيِّ اٰلَٓاءِ رَبِّكُمَا تُكَذِّبَانِ ﴿٢٣﴾
وَلَهُ الْجَوَارِ الْمُنْشَاٰتُ فِي الْبَحْرِ كَالْاَعْلَامِۚ
﴿٢٤﴾ فَبِاَيِّ اٰلَٓاءِ رَبِّكُمَا تُكَذِّبَانِ ﴿٢٥﴾ كُلُّ مَنْ
عَلَيْهَا فَانٍۚ ﴿٢٦﴾ وَيَبْقٰى وَجْهُ رَبِّكَ ذُو الْجَلَالِ
وَالْاِكْرَامِۚ ﴿٢٧﴾ فَبِاَيِّ اٰلَٓاءِ رَبِّكُمَا تُكَذِّبَانِ ﴿٢٨﴾

Ve haleka'l-cânne mi'm-mârici'm-min-nâr (15) Fe-bi eyyi âlâ'i rabbikümâ tükezzibân (16) Rabbü'l-meşrikayni ve rabbü'l-mağribeyn (17) Fe-bi eyyi âlâ'i rabbikümâ tükezzibân (18) Merace'l-bahrayni yeltekıyân (19) Beynehümâ berzehu'l-lâ yebğıyân (20) Fe-bi eyyi âlâ'i rabbikümâ tükezzibân (21) Yahrucü minhüme'l-lü'lü'ü ve'l-mercân (22) Fe-bi eyyi âlâ'i rabbikümâ tükezzibân (23) Ve lehü'l-cevâri'l-münşeâtü fi'l-bahri ke'l-a'lâm (24) Fe bi eyyi âlâ'i rabbikümâ tükezzibân (25) Küllü men 'aleyhâ fân (26) Ve yebkâ vechü-rabbike zü'l-celâli ve'l-ikrâm (27) Fe-bi eyyi âlâ'i rabbikümâ tükezzibân (28)

15- Cinleri de, dumansız ateşten yarattı. **16-** Şimdi, Rabbinizin hangi nimetlerine yalan dersiniz? **17-** O hem iki doğunun Rabbi, hem de iki batının Rabbidir. **18-** Şimdi Rabbinizin hangi nimetlerine yalan dersiniz? **19-** İki denizi salıvermiş, zaman zaman kavuşurlar. **20-** Aralarında bir engel var ki, birbirlerine tecâvüz etmezler. **21-** Şimdi Rabbinizin hangi nimetlerine yalan dersiniz? **22-** Onlardan inci ile mercan çıkar. **23-** Şimdi Rabbinizin hangi nimetlerine yalan dersiniz? **24-** Denizde, dağlar gibi akıp giden o yüksek gemiler de O'nundur. **25-** Şimdi, Rabbinizin hangi nimetlerine yalan dersiniz? **26-** Onun üzerindeki herkes fânidir. **27-** Yücelik ve ikram sahibi olan Rabbinin yüzü -zâtı- bâkidir. **28-** Şimdi, Rabbinizin hangi nimetlerine yalan dersiniz?

يَسْـَٔلُهُ مَنْ فِي السَّمٰوَاتِ وَالْاَرْضِۜ كُلَّ يَوْمٍ هُوَ
فِي شَاْنٍۚ ﴿٢٩﴾ فَبِاَيِّ اٰلَٓاءِ رَبِّكُمَا تُكَذِّبَانِ ﴿٣٠﴾ سَنَفْرُغُ
لَكُمْ اَيُّهَ الثَّقَلَانِۚ ﴿٣١﴾ فَبِاَيِّ اٰلَٓاءِ رَبِّكُمَا تُكَذِّبَانِ
﴿٣٢﴾ يَا مَعْشَرَ الْجِنِّ وَالْاِنْسِ اِنِ اسْتَطَعْتُمْ اَنْ
تَنْفُذُوا مِنْ اَقْطَارِ السَّمٰوَاتِ وَالْاَرْضِ فَانْفُذُواۜ
لَا تَنْفُذُونَ اِلَّا بِسُلْطَانٍۚ ﴿٣٣﴾ فَبِاَيِّ اٰلَٓاءِ رَبِّكُمَا
تُكَذِّبَانِ ﴿٣٤﴾ يُرْسَلُ عَلَيْكُمَا شُوَاظٌ مِنْ نَارٍ
وَنُحَاسٌ فَلَا تَنْتَصِرَانِۚ ﴿٣٥﴾ فَبِاَيِّ اٰلَٓاءِ رَبِّكُمَا
تُكَذِّبَانِ ﴿٣٦﴾ فَاِذَا انْشَقَّتِ السَّمَٓاءُ فَكَانَتْ
وَرْدَةً كَالدِّهَانِۚ ﴿٣٧﴾ فَبِاَيِّ اٰلَٓاءِ رَبِّكُمَا تُكَذِّبَانِ ﴿٣٨﴾
فَيَوْمَئِذٍ لَا يُسْـَٔلُ عَنْ ذَنْبِهٖٓ اِنْسٌ وَلَا جَٓانٌّۚ ﴿٣٩﴾

Yes'elühû men fi's-semâvâti ve'l-erd. Külle yevmin hüve fî şe'n
(29) Fe-bi eyyi âlâ'i rabbikümâ tükezzibân (30) Se-nefruğu leküm
eyyühe's-sekalân (31) Fe-bi eyyi âlâ'i rabbikümâ tükezzibân
(32) Yâ ma'şera'l-cinni ve'l-insi inisteta'tüm en tenfüzû min
aktâri's-semâvâti ve'l-erdi fe-nfüzû. Lâ tenfüzûne illâ bi-
sultân (33) Fe-bi eyyi âlâ'i rabbikümâ tükezzibân (34) Yurselü
'aleykümâ şüvâzu'm-min-nâri'v-ve nühâsün fe-lâ tentesırân
(35) Fe bi-eyyi âlâ'i rabbikümâ tükezzibân (36) Fe ize-nşekkati's-
semâ'ü fe-kânet verdeten ke'd-dihân (37) Fe-bi eyyi âlâ'i rab-
bikümâ tükezzibân (38) Fe-yevmeizi'l-lâ yüs'elü 'an zembihî
insü'v-ve lâ cânn (39)

29- Göklerde ve yerde olanlar O'ndan dilenirler. O, her gün
bir iştedir. 30- Şimdi, Rabbinizin hangi nimetlerine yalan der-
siniz? 31- Yarın size kalacağız- sizin hesabınıza bakacağız- ey
insanlar ve cinler! 32- Şimdi, Rabbinizin hangi nimetlerine ya-
lan dersiniz? 33- Ey cinler ve insanlar topluluğu! Eğer, gökle-
rin ve yerin çevresinden geçip gitmeye gücünüz yeterse geçip
gidin; ama ferman olmadan geçemezsiniz. 34- Şimdi, Rabbi-
nizin hangi nimetlerine yalan dersiniz? 35- Üstünüze ateşten
bir alev, bir zehir duman salınır; aman dileseniz bile kurtula-
mazsınız. 36- Şimdi, Rabbinizin hangi nimetlerine yalan der-
siniz? 37- Gök yarılıp da, yağ gibi eriyen, kızarıp yanan bir gül
gibi olduğu zaman, 38- Şimdi, Rabbinizin hangi nimetlerine
yalan dersiniz? 39- O gün, artık ne bir insan, ne de bir cin, so-
rulmaz günahından,

فَبِاَيِّ اٰلَٓاءِ رَبِّكُمَا تُكَذِّبَانِ ﴿٤٠﴾ يُعْرَفُ
الْمُجْرِمُونَ بِسٖيمٰيهُمْ فَيُؤْخَذُ بِالنَّوَاصٖى
وَالْاَقْدَامِۚ ﴿٤١﴾ فَبِاَيِّ اٰلَٓاءِ رَبِّكُمَا تُكَذِّبَانِ ﴿٤٢﴾
هٰذِهٖ جَهَنَّمُ الَّتٖى يُكَذِّبُ بِهَا الْمُجْرِمُونَۢ ﴿٤٣﴾
يَطُوفُونَ بَيْنَهَا وَبَيْنَ حَمٖيمٍ اٰنٍۚ ﴿٤٤﴾ فَبِاَيِّ
اٰلَٓاءِ رَبِّكُمَا تُكَذِّبَانِۘ ﴿٤٥﴾ وَلِمَنْ خَافَ مَقَامَ
رَبِّهٖ جَنَّتَانِۚ ﴿٤٦﴾ فَبِاَيِّ اٰلَٓاءِ رَبِّكُمَا تُكَذِّبَانِۙ ﴿٤٧﴾
ذَوَاتَٓا اَفْنَانٍۚ ﴿٤٨﴾ فَبِاَيِّ اٰلَٓاءِ رَبِّكُمَا تُكَذِّبَانِ
﴿٤٩﴾ فٖيهِمَا عَيْنَانِ تَجْرِيَانِۚ ﴿٥٠﴾ فَبِاَيِّ اٰلَٓاءِ
رَبِّكُمَا تُكَذِّبَانِ ﴿٥١﴾ فٖيهِمَا مِنْ كُلِّ فَاكِهَةٍ
زَوْجَانِۚ ﴿٥٢﴾ فَبِاَيِّ اٰلَٓاءِ رَبِّكُمَا تُكَذِّبَانِ ﴿٥٣﴾

Fe-bi eyyi âlâ'i rabbikümâ tükezzibân (40) Yu'rafü'l-mücrimûne bi-sîmâhüm fe-yü'hazü min-nevâsî ve'l-akdâm (41) Fe-bi eyyi âlâ'i rabbikümâ tükezzibân (42) Hâzihî cehennemü'l-letî yükezzibü bihe'l-mücrimûn (43) Yetûfûne beynehâ ve beyne hamîmin ân (44) Fe-bi eyyi âlâ'i rabbikümâ tükezzibân (45) Ve li-men hâfe mekâme rabbihî cennetân (46) Fe-bi eyyi âlâ'i rabbikümâ tükezzibân (47) Zevâtâ efnân (48) Fe-bi eyyi âlâ'i rabbikümâ tükezzibân (49) Fîhimâ 'aynâni tecriyân (50) Fe-bi eyyi âlâ'i rabbikümâ tükezzibân (51) Fîhimâ min külli fâkihetin zevcân (52) Fe-bi eyyi âlâ'i rabbikümâ tükezzibân (53)

40- Şimdi, Rabbinizin hangi nimetlerine yalan dersiniz? **41-** Suçlular simalarından tanınır, perçemleriyle ayaklarından yakalanırlar. **42-** Şimdi, Rabbinizin hangi nimetlerine yalan dersiniz? **43-** İşte bu, suçluların "Yalan" dedikleri cehennem. **44-** Onunla, bir kızgın kaynar su arasında dolaşıp koşacaklar. **45-** Şimdi, Rabbinizin hangi nimetlerine yalan dersiniz? **46-** Rabbinin makamından korkan kimseye iki cennet vardır. **47-** Şimdi, Rabbinizin hangi nimetlerine yalan dersiniz? **48-** Her birinde çeşitli meyveler, çeşitli ağaçlar vardır. **49-** Şimdi, Rabbinizin hangi nimetlerine yalan dersiniz? **50-** Onlarda, akan iki pınar bulunmaktadır. **51-** Şimdi, Rabbinizin hangi nimetlerine yalan dersiniz? **52-** Onlarda, her çeşit meyveden çifter çifter vardır. **53-** Şimdi, Rabbinizin hangi nimetlerine yalan dersiniz?

مُتَّكِـِٔينَ عَلٰى فُرُشٍ بَطَٓائِنُهَا مِنْ
اِسْتَبْرَقٍۜ وَجَنَا الْجَنَّتَيْنِ دَانٍۚ ﴿٥٤﴾
فَبِاَيِّ اٰلَٓاءِ رَبِّكُمَا تُكَذِّبَانِ ﴿٥٥﴾ فِيهِنَّ
قَاصِرَاتُ الطَّرْفِۙ لَمْ يَطْمِثْهُنَّ اِنْسٌ
قَبْلَهُمْ وَلَا جَٓانٌّۚ ﴿٥٦﴾ فَبِاَيِّ اٰلَٓاءِ رَبِّكُمَا
تُكَذِّبَانِۚ ﴿٥٧﴾ كَاَنَّهُنَّ الْيَاقُوتُ وَالْمَرْجَانُۚ
﴿٥٨﴾ فَبِاَيِّ اٰلَٓاءِ رَبِّكُمَا تُكَذِّبَانِ ﴿٥٩﴾ هَلْ
جَزَٓاءُ الْاِحْسَانِ اِلَّا الْاِحْسَانُۚ ﴿٦٠﴾ فَبِاَيِّ
اٰلَٓاءِ رَبِّكُمَا تُكَذِّبَانِ ﴿٦١﴾ وَمِنْ دُونِهِمَا
جَنَّتَانِۚ ﴿٦٢﴾ فَبِاَيِّ اٰلَٓاءِ رَبِّكُمَا تُكَذِّبَانِۙ ﴿٦٣﴾
مُدْهَٓامَّتَانِۚ ﴿٦٤﴾ فَبِاَيِّ اٰلَٓاءِ رَبِّكُمَا تُكَذِّبَانِۚ ﴿٦٥﴾

Mütteki-îne 'alâ füruşi'm-betâ'inühâ min istebrak. Ve cene'l-cenneteyni dân (54) Fe-bi eyyi âlâ'i rabbikümâ tükezzibân (55) Fîhinne kâsırâtü't-tarfi lem yatmishünne insün kablehüm ve lâ cânn (56) Fe-bi eyyi âlâ'i rabbikümâ tükezzibân (57) Ke'ennehünne'l-yâkûtü ve'l-mercân (58) Fe-bi eyyi âlâ'i rabbikümâ tükezzibân (59) Hel cezâü'l-ihsâni ille'l-ihsân (60) Fe-bi eyyi âlâ'i rabbikümâ tükezzibân (61) Ve min dünihimâ cennetân (62) Fe-bi eyyi âlâ'i rabbikümâ tükezzibân (63) Müdhâmmetân (64) Fe-bi eyyi âlâ'i rabbikümâ tükezzibân (65)

54- Astarları, kalın ipek kumaştan olan döşekler üzerine yaslanırlar. Her iki cennetin meyveleri de, kolayca toplanacak kadar yakın. **55-** Şimdi, Rabbinizin hangi nimetlerine yalan dersiniz? **56-** O cennetlerde, öyle kocasından başkasına bakmayan huriler var ki, kendilerine onlardan evvel ne bir insan dokunmuştur, ne de bir cin. **57-** Şimdi, Rabbinizin hangi nimetlerine yalan dersiniz? **58-** Onları yakut ve mercan sanırsın. **59-** Şimdi, Rabbinizin hangi nimetlerine yalan dersiniz? **60-** İyiliğin mükafatı, elbette iyiliktir. **61-** Şimdi, Rabbinizin hangi nimetlerine yalan dersiniz? **62-** O iki cennetin ötelerinde, iki cennet daha var. **63-** Şimdi, Rabbinizin hangi nimetlerine yalan dersiniz? **64-** Gönül alan, koyu yeşil. **65-** Şimdi, Rabbinizin hangi nimetlerine yalan dersiniz?

فِيهِمَا عَيْنَانِ نَضَّاخَتَانِۚ ﴿٦٦﴾ فَبِاَيِّ اٰلَٓاءِ
رَبِّكُمَا تُكَذِّبَانِ ﴿٦٧﴾ فِيهِمَا فَاكِهَةٌ وَنَخْلٌ
وَرُمَّانٌۚ ﴿٦٨﴾ فَبِاَيِّ اٰلَٓاءِ رَبِّكُمَا تُكَذِّبَانِۚ
﴿٦٩﴾ فِيهِنَّ خَيْرَاتٌ حِسَانٌۚ ﴿٧٠﴾ فَبِاَيِّ اٰلَٓاءِ
رَبِّكُمَا تُكَذِّبَانِۚ ﴿٧١﴾ حُورٌ مَقْصُورَاتٌ فِي
الْخِيَامِۚ ﴿٧٢﴾ فَبِاَيِّ اٰلَٓاءِ رَبِّكُمَا تُكَذِّبَانِۚ ﴿٧٣﴾
لَمْ يَطْمِثْهُنَّ اِنْسٌ قَبْلَهُمْ وَلَا جَٓانٌّۚ ﴿٧٤﴾
فَبِاَيِّ اٰلَٓاءِ رَبِّكُمَا تُكَذِّبَانِۚ ﴿٧٥﴾ مُتَّكِئِينَ
عَلٰى رَفْرَفٍ خُضْرٍ وَعَبْقَرِيٍّ حِسَانٍۚ ﴿٧٦﴾
فَبِاَيِّ اٰلَٓاءِ رَبِّكُمَا تُكَذِّبَانِ ﴿٧٧﴾ تَبَارَكَ
اسْمُ رَبِّكَ ذِي الْجَلَالِ وَالْاِكْرَامِ ﴿٧٨﴾

Fîhimâ aynâni neddâhatân (66) Fe-bi eyyi âlâ'i rabbikümâ tükezzibân (67) Fîhimâ fâkihetü'v-ve nahlü'v-ve rummân (68) Fe-bi eyyi âlâ'i rabbikümâ tükezzibân (69) Fîhinne hayrâtün hisân (70) Fe-bi eyyi âlâ'i rabbikümâ tükezzibân (71) Hûru'm-maksûrâtün fi'l-hıyâm (72) Fe-bi eyyi âlâ'i rabbikümâ tükezzibân (73) Lem yatmishünne insün kablehüm ve lâ cânn (74) Fe-bi eyyi âlâ'i rabbikümâ tükezzibân (75) Mütteki-îne 'alâ rafrafin hudri'v-ve 'abkariyyin hısân (76) Fe-bi eyyi âlâ'i rabbikümâ tükezzibân (77) Tebâreke-smü rabbike zi'l-celâli ve'l-ikrâm. (78)

66- Onlarda, püsküren çifte şadırvan. 67- Şimdi, Rabbinizin hangi nimetlerine yalan dersiniz? 68- Onlarda bir meyve, bambaşka bir hurma ve bambaşka bir nar var! 69- Şimdi, Rabbinizin hangi nimetlerine yalan dersiniz? 70- İçlerinde dilberler, güzel kadınlar var. 71- Şimdi, Rabbinizin hangi nimetlerine yalan dersiniz? 72- Cibinliklerde saklı, özel huriler, 73- Şimdi, Rabbinizin hangi nimetlerine yalan dersiniz? 74- Onlara, onlardan evvel insan ve cin dokunmamıştır. 75- Şimdi, Rabbinizin hangi nimetlerine yalan dersiniz? 76- Yeşil yastıklara ve güzel nakışlı döşeklere kurulmuşlardır. 77- Şimdi, Rabbinizin hangi nimetlerine yalan dersiniz? 78- Kudret ve ikram sahibi Rabbinin adı yüce, çok yücedir.

سُورَةُ الْوَاقِعَةِ

VAKIA SÛRESİ

96 Âyet

بِسْمِ اللّٰهِ الرَّحْمٰنِ الرَّح۪يمِ

إِذَا وَقَعَتِ الْوَاقِعَةُ ۙ ﴿١﴾ لَيْسَ لِوَقْعَتِهَا كَاذِبَةٌ ۘ
﴿٢﴾ خَافِضَةٌ رَافِعَةٌ ۙ ﴿٣﴾ إِذَا رُجَّتِ الْاَرْضُ
رَجًّا ۙ ﴿٤﴾ وَبُسَّتِ الْجِبَالُ بَسًّا ۙ ﴿٥﴾ فَكَانَتْ
هَبَٓاءً مُنْبَثًّا ۙ ﴿٦﴾ وَكُنْتُمْ اَزْوَاجًا ثَلٰثَةً ۜ ﴿٧﴾
فَاَصْحَابُ الْمَيْمَنَةِ مَٓا اَصْحَابُ الْمَيْمَنَةِ ۜ ﴿٨﴾
وَاَصْحَابُ الْمَشْـَٔمَةِ مَٓا اَصْحَابُ الْمَشْـَٔمَةِ ۜ
﴿٩﴾ وَالسَّابِقُونَ السَّابِقُونَ ۙ ﴿١٠﴾ اُو۬لٰٓئِكَ
الْمُقَرَّبُونَ ۚ ﴿١١﴾ ف۪ي جَنَّاتِ النَّع۪يمِ ﴿١٢﴾ ثُلَّةٌ
مِنَ الْاَوَّل۪ينَ ۙ ﴿١٣﴾ وَقَل۪يلٌ مِنَ الْاٰخِر۪ينَ ۜ ﴿١٤﴾

OKUNUŞU

Bismillâhi'r-rahmâni'r-rahîm

İzâ veka'ati'l-vâki'ah (1) Leyse li-vak'atihâ kâzibeh (2)
Hâfidatü'r- râfi'ah (3) İzâ rucceti'l-erdu raccâ (4) Ve büsseti'l-
cibâlü bessâ (5) Fe-kânet hebâ'e'm-mümbessâ (6) Ve küntüm
ezvâcen selâseh (7) Fe-eshâbü'l-meymeneti mâ eshâbü'l-
meymeneh (8) Ve eshâbü'l-meş'emeti mâ eshâbü'l-meş'emeh
(9) Ve's-sâbikûne's-sâbikûn (10) Ülâ'ike'l-mukarrabûn (11) Fî
cennâtin-na'îm (12) Sülletü'm-mine'l-evvelîn (13) Ve kalîlü'm-
mine'l-âhırîn (14)

MEÂLİ

Mekke'de inmiştir, 96 âyettir.

Rahmân ve Rahîm olan Allah'ın adıyla.

1- O kıyâmet bir koptuğu zaman, 2- Onun meydana geli-
şine "Yalan" diyen dil olmaz. 3- Kimini alçaltır, kimini yüksel-
tir. 4- Yeryüzü şiddetle sarsıldığı, 5- Dağlar bir serpilişle serpil-
diği, 6- Hepsi dağılıp, toz duman hâlinde hebâ olduğu zaman,
7- Siz, üç sınıf olacaksınız; 8- Sağda, "Sağcılar- Amel defterini
sağdan alanlar." Sağcılar, ne de bahtiyardır! 9- Solda ise, "Sol-
cular- Amel defterini soldan alanlar." Solcular, ne de bahtsız-
dır! 10- İleride ise, iyilikte ileri olanlar. İşte o ileri de olanlar,
11- Onlar, Allah'a yakın olanlardır. 12- Naim cennetlerindedir-
ler. 13- Çoğu evvelkilerden. 14- Biraz da sonrakilerden.

عَلٰى سُرُرٍ مَوْضُونَةٍ ﴿١٥﴾ مُتَّكِئِينَ عَلَيْهَا مُتَقَابِلِينَ
﴿١٦﴾ يَطُوفُ عَلَيْهِمْ وِلْدَانٌ مُخَلَّدُونَ ﴿١٧﴾ بِاَكْوَابٍ
وَاَبَارِيقَ وَكَاْسٍ مِنْ مَعِينٍ ﴿١٨﴾ لَا يُصَدَّعُونَ
عَنْهَا وَلَا يُنْزِفُونَ ﴿١٩﴾ وَفَاكِهَةٍ مِمَّا يَتَخَيَّرُونَ
﴿٢٠﴾ وَلَحْمِ طَيْرٍ مِمَّا يَشْتَهُونَ ﴿٢١﴾ وَحُورٌ عِينٌ ﴿٢٢﴾
كَاَمْثَالِ اللُّؤْلُؤِ الْمَكْنُونِ ﴿٢٣﴾ جَزَاءً بِمَا كَانُوا
يَعْمَلُونَ ﴿٢٤﴾ لَا يَسْمَعُونَ فِيهَا لَغْوًا وَلَا تَاْثِيمًا ﴿٢٥﴾
اِلَّا قِيلًا سَلَامًا سَلَامًا ﴿٢٦﴾ وَاَصْحَابُ الْيَمِينِ مَا
اَصْحَابُ الْيَمِينِ ﴿٢٧﴾ فِي سِدْرٍ مَخْضُودٍ ﴿٢٨﴾ وَطَلْحٍ
مَنْضُودٍ ﴿٢٩﴾ وَظِلٍّ مَمْدُودٍ ﴿٣٠﴾ وَمَاءٍ مَسْكُوبٍ ﴿٣١﴾
وَفَاكِهَةٍ كَثِيرَةٍ ﴿٣٢﴾ لَا مَقْطُوعَةٍ وَلَا مَمْنُوعَةٍ ﴿٣٣﴾

'Alâ süruri'm-mevdûneh (15) Mütteki-îne 'aleyhâ mütekâbilîn
(16) Yetûfü 'aleyhim vildânü'm-mühalledûn (17) Bi ekvâbi'v-ve
ebârîka ve ke'si'm-mi'm-ma'în (18) Lâ yüsadde'ûne 'anhâ
ve lâ yünzifûn (19) Ve fâkiheti'm-mimmâ yetehayyarûn (20)
Ve lahmi tayri'm-mimmâ yeştehûn (21) Ve hûrun 'în (22) Ke
emsâli'l-lü'lüi'l-meknûn (23) Cezâe'm-bi-mâ kânû ya'melûn (24)
Lâ yesme'ûne fîhâ lağve'v-ve lâ te'sîmâ (25) İllâ kîlen selâmen
selâmâ (26) Ve ashâbü'l-yemîni mâ ashâbü'l-yemîn (27) Fî sidri'm-
mahdûd (28) Ve talhi'm-mendûd (29) Ve zilli'm-memdûd (30) Ve
mâi'm-meskûb (31) Ve fâkihetin kesîrah (32) Lâ maktû'ati'v-ve
lâ memnû'ah (33)

15- Mücevherlerle işlemeli tahtlar üstündedirler. 16- Karşı
karşıya kurulmuşlar. 17- Çevrelerinde, daima aynı halde ka-
lan genç hizmetçiler dolaşır. 18- Cennet şerbeti ile doldurul-
muş küpler, ibrikler ve kadehlerle. 19- Ondan dolayı ne başları
ağrır, ne de akılları başlarından gider. 20- Beğendikleri mey-
veler, 21- İstedikleri kuş eti, 22- İri gözlü huriler, 23- Saklı inci
emsali gibi, 24- Yaptıkları işlere mükâfat olarak. 25- Orada ne
bir boş laf işitirler, ne de günaha sokacak bir söz. 26- İşittikleri
söz, sadece "Selâm, selâm!" 27- Sağcılar, ne mutlu o defterini
sağdan alanlara! 28- Dal bastı kirazlar, 29- Salkım salkım muz-
lar içinde, 30- Uzanmış bir gölge, 31- Çağlayan bir su, 32- Bir
çok meyveler, 33- Ne eksilir, ne de yasaklanır.

وَفُرُشٍ مَرْفُوعَةٍ ﴿٣٤﴾ اِنَّٓا اَنْشَاْنَاهُنَّ اِنْشَٓاءً
﴿٣٥﴾ فَجَعَلْنَاهُنَّ اَبْكَارًا ﴿٣٦﴾ عُرُبًا اَتْرَابًا ﴿٣٧﴾
لِاَصْحَابِ الْيَمِينِ ﴿٣٨﴾ ثُلَّةٌ مِنَ الْاَوَّلِينَ ﴿٣٩﴾ وَثُلَّةٌ
مِنَ الْاٰخِرِينَ ﴿٤٠﴾ وَاَصْحَابُ الشِّمَالِ مَٓا اَصْحَابُ
الشِّمَالِ ﴿٤١﴾ فِي سَمُومٍ وَحَمِيمٍ ﴿٤٢﴾ وَظِلٍّ مِنْ
يَحْمُومٍ ﴿٤٣﴾ لَا بَارِدٍ وَلَا كَرِيمٍ ﴿٤٤﴾ اِنَّهُمْ كَانُوا
قَبْلَ ذٰلِكَ مُتْرَفِينَ ﴿٤٥﴾ وَكَانُوا يُصِرُّونَ عَلَى
الْحِنْثِ الْعَظِيمِ ﴿٤٦﴾ وَكَانُوا يَقُولُونَ اَئِذَا
مِتْنَا وَكُنَّا تُرَابًا وَعِظَامًا ءَاِنَّا لَمَبْعُوثُونَ ﴿٤٧﴾
اَوَاٰبَٓاؤُنَا الْاَوَّلُونَ ﴿٤٨﴾ قُلْ اِنَّ الْاَوَّلِينَ وَالْاٰخِرِينَ
﴿٤٩﴾ لَمَجْمُوعُونَ اِلٰى مِيقَاتِ يَوْمٍ مَعْلُومٍ ﴿٥٠﴾

Ve füruşim-merfûah (34) İnnâ enşe'nâhünne inşââ (35) Fe-
ce'alnâhünne ebkârâ (36) 'Uruben etrâbâ (37) Li-ashâbi'l-yemîn
(38) Sülletü'm-mine'l-evvelîn (39) Ve sülletü'm-mine'l-âhırîn (40)
Ve eshâbü'ş-şimâli mâ eshâbü'ş-şimâl (41) Fî semûmi'v-ve
hamîm (42) Ve zilli'm-miy-yahmûm (43) Lâ bâridi'v-ve lâ kerîm
(44) İnnehüm kânû kable zâlike mütrafîn (45) Ve kânû yüsirrûne
'ale'l-hinsi'l-'azîm (46) Ve kânû yekûlûne e izâ mitnâ ve künnâ
türâbe'v-ve 'izâmen e innâ le meb'ûsûn (47) E ve âbâ'üne'l-
evvelûn (48) Kul inne'l-evvelîne ve'l-âhırîn (49) Le-mecmû'ûne
ilâ mîkâti yevmi'm-ma'lûm (50)

34- Yüksek döşekler, 35- Biz onları yeniden inşâ etmişizdir.
36- Onları bakire yapmışızdır. 37- Kocalarına âşık, hep aynı
yaşta, 38- Sağcılar –amel defterini sağdan alanlar- için. 39- Bir
çoğu evvelkilerden. 40- Bir çoğu da sonrakilerden. 41- Solcu-
lar, ne bedbahtır o defterini soldan alanlar! 42- İçlerine işleyen
bir hararet ve kaynar bir su içinde, 43- Simsiyah ve boğucu
dumandan bir gölge içinde, 44- Ne serin, ne de rahatlatıcı.
45- Çünkü onlar, bundan önce keyiflerine düşkün, şımarık müs-
riflerdi. 46- Büyük günahta ısrar ediyorlardı. 47- Diyorlardı ki:
"Öldüğümüz, toprak ve bir yığın kemik olduğumuz zaman mı,
gerçekten biz mi mutlaka diriltileceğiz?" 48- "Yâ önceki atala-
rımızda mı?" 49- De ki: "Muhakkak, öncekilerin ve sonrakile-
rin hepsi." 50- "Malum bir günün, muayyen bir vaktinde mut-
laka toplanacaklar."

ثُمَّ اِنَّكُمْ اَيُّهَا الضَّٓالُّونَ الْمُكَذِّبُونَۙ ﴿٥١﴾ لَاٰكِلُونَ
مِنْ شَجَرٍ مِنْ زَقُّومٍۙ ﴿٥٢﴾ فَمَالِؤُ۫نَ مِنْهَا الْبُطُونَۚ ﴿٥٣﴾
فَشَارِبُونَ عَلَيْهِ مِنَ الْحَم۪يمِۚ ﴿٥٤﴾ فَشَارِبُونَ شُرْبَ
الْه۪يمِۜ ﴿٥٥﴾ هٰذَا نُزُلُهُمْ يَوْمَ الدّ۪ينِۜ ﴿٥٦﴾ نَحْنُ
خَلَقْنَاكُمْ فَلَوْلَا تُصَدِّقُونَ ﴿٥٧﴾ اَفَرَاَيْتُمْ مَا تُمْنُونَۜ
﴿٥٨﴾ ءَاَنْتُمْ تَخْلُقُونَهُٓ اَمْ نَحْنُ الْخَالِقُونَ ﴿٥٩﴾ نَحْنُ
قَدَّرْنَا بَيْنَكُمُ الْمَوْتَ وَمَا نَحْنُ بِمَسْبُوق۪ينَۙ
﴿٦٠﴾ عَلٰٓى اَنْ نُبَدِّلَ اَمْثَالَكُمْ وَنُنْشِئَكُمْ ف۪ي مَا
لَا تَعْلَمُونَ ﴿٦١﴾ وَلَقَدْ عَلِمْتُمُ النَّشْاَةَ الْاُو۫لٰى
فَلَوْلَا تَذَكَّرُونَ ﴿٦٢﴾ اَفَرَاَيْتُمْ مَا تَحْرُثُونَۜ ﴿٦٣﴾
ءَاَنْتُمْ تَزْرَعُونَهُٓ اَمْ نَحْنُ الزَّارِعُونَ ﴿٦٤﴾

Sümme inneküm eyyühe'd-dâllûne'l-mükezzibûn (51) Le-âkilûne
min şeceri'm-min zekkûm (52) Fe-mâli'ûne minhe'l-butun (53)
Fe-şâribûne 'aleyhi mine'l-hamîm (54) Fe-şâribûne şurbe'l-
hîm (55) Hâzâ nüzülühüm yevme'd-dîn (56) Nahnü halaknâküm
fe-lev-lâ tüsaddikûn (57) E-fe-ra'eytüm-mâ tümnûn (58) E en-
tüm tahlükûnehû em nahnü'l-hâlikûn (59) Nahnü kaddernâ
beynekümü'l-mevte ve mâ nahnü bi-mesbûkîn (60) 'Alâ en
nübeddile emsâleküm ve nünşi'eküm fî mâ lâ ta'lemûn (61)
Ve le-kad 'alimtümü'n-neş'ete'l-ûlâ fe-lev-lâ tezekkerûn
(62) E fe-ra'eytüm-mâ tahrusûn (63) E entüm tezra'ûnehû em
nahnü'z-zâri'ûn (64)

51- Sonra siz, ey sapık inkârcılar! 52- Mutlaka bir ağaçtan,
zakkumdan yersiniz. 53- Karınlarınızı onunla doldurursunuz.
54- Üstüne o kaynar sudan içersiniz. 55- Susuzluk illetine tu-
tulmuş, kanmak bilmez develer gibi içersiniz. 56- İşte bu, cezâ
gününde onların ağırlanışlarıdır. 57- Sizi biz yarattık, hâlâ tas-
dik etmeyecek misiniz? 58- Artık gördünüz mü o döktüğünüz
meniyi? 59- Siz mi yaratıyorsunuz onu, yoksa yaratan biz mi?
60- Aranızda ölümü biz takdir ettik ve bizim önümüze geçil-
mez. 61- Kılıklarınızı değiştirmek ve sizi bilemeyeceğiniz bir
yaratma ile yeniden yaratmak üzereyiz. 62- Herhalde ilk ya-
ratılışı biliyorsunuz, o halde düşünsenize! 63- Şimdi gördü-
nüz mü, o ektiğiniz tohumu? 64- Siz mi bitiriyorsunuz onu,
yoksa bitiren biz mi?

لَوْ نَشَٓاءُ لَجَعَلْنَاهُ حُطَاماً فَظَلْتُمْ تَفَكَّهُونَ ﴿٦٥﴾ اِنَّا
لَمُغْرَمُونَۙ ﴿٦٦﴾ بَلْ نَحْنُ مَحْرُومُونَ ﴿٦٧﴾ اَفَرَاَيْتُمُ الْمَٓاءَ
الَّذ۪ي تَشْرَبُونَۜ ﴿٦٨﴾ ءَاَنْتُمْ اَنْزَلْتُمُوهُ مِنَ الْمُزْنِ
اَمْ نَحْنُ الْمُنْزِلُونَ ﴿٦٩﴾ لَوْ نَشَٓاءُ جَعَلْنَاهُ اُجَاجاً
فَلَوْلَا تَشْكُرُونَۜ ﴿٧٠﴾ اَفَرَاَيْتُمُ النَّارَ الَّت۪ي تُورُونَۜ
﴿٧١﴾ ءَاَنْتُمْ اَنْشَاْتُمْ شَجَرَتَهَٓا اَمْ نَحْنُ الْمُنْشِؤُ۫نَ
﴿٧٢﴾ نَحْنُ جَعَلْنَاهَا تَذْكِرَةً وَمَتَاعاً لِلْمُقْو۪ينَۚ ﴿٧٣﴾
فَسَبِّحْ بِاسْمِ رَبِّكَ الْعَظ۪يمِ ﴿٧٤﴾ فَلَٓا اُقْسِمُ بِمَوَاقِعِ
النُّجُومِۙ ﴿٧٥﴾ وَاِنَّهُ لَقَسَمٌ لَوْ تَعْلَمُونَ عَظ۪يمٌۙ ﴿٧٦﴾
اِنَّهُ لَقُرْاٰنٌ كَر۪يمٌۙ ﴿٧٧﴾ ف۪ي كِتَابٍ مَكْنُونٍۙ ﴿٧٨﴾ لَا يَمَسُّهُٓ
اِلَّا الْمُطَهَّرُونَۜ ﴿٧٩﴾ تَنْز۪يلٌ مِنْ رَبِّ الْعَالَم۪ينَ ﴿٨٠﴾

Lev neşâ'ü le-ce'alnâhü hutâmen fe-zaltüm tefekkehûn (65) İnnâ
le muğramûn (66) Bel nahnü mahrûmûn (67) E-fe-ra'eytümü'l-
mâ'e'l-lezî teşrabûn (68) E entüm enzeltümûhu mine'l müzni
em nahnü'l-münzilûn (69) Lev neşâ'ü ce'alnâhü ücâcen fe-
lev-lâ teşkurûn (70) E-fe-ra'eytümü'n-nâra'l-letî tûrûn (71) E en-
tüm enşe'tüm şeceratehâ em nahnü'l-münşiûn (72) Nahnü
ce'alnâhâ tezkirate'v-ve metâ'a'l-lil mukvîn (73) Fe-sebbih
bi-smi rabbike'l azîm (74) Fe-lâ uksimü bi-mevâki'in-nücûm
(75) Ve innehû le-kasemü'l-lev ta'lemûne 'azîm (76) İnnehû le-
Kur'ânü'n-kerîm (77) Fî kitâbi'm-meknûn (78) Lâ yemessühû
ille'l-mutahherûn (79) Tenzîlü'm-mi'r-rabbi'l-'âlemîn (80)

65- Eğer isteseydik, onları elbette bir çöpe çevirirdik de, şöyle
geveler dururdunuz; 66- "Şüphesiz çok zarardayız," 67- "Daha
doğrusu büsbütün mahrum bırakıldık!" 68- Şimdi gördünüz
mü, o içtiğiniz suyu? 69- Siz mi indiriyorsunuz onu buluttan,
yoksa indiren biz mi? 70- Dilesek onu acı bir çorak yapardık. O
halde şükretsenize! 71- Bir de gördünüz mü o çaktığınız ateşi?
72- Siz mi yarattınız onun ağacını, yoksa yaratan biz mi? 73- Biz
onu, hem bir ibret ve hem de sahradaki muhtaçlar için yararlı
kıldık. 74- O halde Rabbini, o büyük adıyla tesbih et. 75- Ar-
tık hayır... O yıldızların yerlerine yemin ederim. 76- Bilseniz o,
gerçekten çok büyük bir yemindir. 77- Doğrusu o, şerefli bir
Kur'ân'dır. 78- Korunan bir kitaptadır. 79- Ona, tertemiz te-
mizlenmiş olanlardan başkası el süremez. 80- Âlemlerin Rab-
binden indirilmedir.

اَفَبِهٰذَا الْحَد۪يثِ اَنْتُمْ مُدْهِنُونَ ﴿٨١﴾ وَتَجْعَلُونَ
رِزْقَكُمْ اَنَّكُمْ تُكَذِّبُونَ ﴿٨٢﴾ فَلَوْلَٓا اِذَا بَلَغَتِ
الْحُلْقُومَ ﴿٨٣﴾ وَاَنْتُمْ ح۪ينَئِذٍ تَنْظُرُونَ ﴿٨٤﴾ وَنَحْنُ
اَقْرَبُ اِلَيْهِ مِنْكُمْ وَلٰكِنْ لَا تُبْصِرُونَ ﴿٨٥﴾ فَلَوْلَٓا
اِنْ كُنْتُمْ غَيْرَ مَد۪ين۪ينَ ﴿٨٦﴾ تَرْجِعُونَهَٓا اِنْ كُنْتُمْ
صَادِق۪ينَ ﴿٨٧﴾ فَاَمَّٓا اِنْ كَانَ مِنَ الْمُقَرَّب۪ينَ ﴿٨٨﴾
فَرَوْحٌ وَرَيْحَانٌ وَجَنَّتُ نَع۪يمٍ ﴿٨٩﴾ وَاَمَّٓا اِنْ كَانَ
مِنْ اَصْحَابِ الْيَم۪ينِ ﴿٩٠﴾ فَسَلَامٌ لَكَ مِنْ اَصْحَابِ
الْيَم۪ينِ ﴿٩١﴾ وَاَمَّٓا اِنْ كَانَ مِنَ الْمُكَذِّب۪ينَ الضَّٓالّ۪ينَ
﴿٩٢﴾ فَنُزُلٌ مِنْ حَم۪يمٍ ﴿٩٣﴾ وَتَصْلِيَةُ جَح۪يمٍ ﴿٩٤﴾ اِنَّ هٰذَا
لَهُوَ حَقُّ الْيَق۪ينِ ﴿٩٥﴾ فَسَبِّحْ بِاسْمِ رَبِّكَ الْعَظ۪يمِ ﴿٩٦﴾

**E-fe-bi hâze'l-hadîsi entüm müdhinûn (81) Ve tec'alûne rizka-
küm enneküm tükezzibûn (82) Fe-lev-lâ izâ belağati'l-hulkûm
(83) Ve entüm hîne'izin tenzurûn (84) Ve nahnu akrabü ileyhi
minküm ve lâki'l-lâ tübsırûn (85) Fe-lev-lâ in küntüm ğayra
medînîn (86) Terci'ûnehâ in küntüm sâdikîn (87) Fe-emmâ in
kâne mine'l-mukarrabîn (88) Fe-ravhü'v-ve rayhânü'v-ve
cen-netü na'îm (89) Ve emmâ in kâne min ashâbi'l-yemîn (90)
Fe-selâmü'l-leke min ashâbi'l-yemîn (91) Ve emmâ in kâne
mine'l-mükezzibîne'd-dâllîn (92) Fe-nüzülü'm-min hamîm (93)
Ve tasliyetü cahîm (94) İnne hâzâ le-hüve hakku'l-yakîn (95) Fe-
sebbih bi-smi rabbike'l-'azîm. (96)**

81- Şimdi siz, bu söze yağ mı süreceksiniz hürmetsizlik edip kir-
letecek misiniz? 82- Rızkınızı -nasibinizi- yalanlamaktan ibaret
mi kılacaksınız? 83- Artık can boğaza geldiği zaman, 84- Siz o
vakit, bakar durursunuz. 85- Biz ise, ona sizden daha yakınız-
dır, ama göremezsiniz. 86- Haydi, eğer dine boyun eğmeye-
cek, cezâ çekmeyecekseniz, 87- Onu geri çevirsenize! Eğer iddi-
anızda doğru iseniz! 88- Ama o, eğer Allah'a yakın olanlardan
ise, 89- Artık bir rahatlık, güzel bir rızık ve naîm cenneti vardır.
90- Ama sağcılardan- amel defterini sağdan alanlardan- ise,
91- Artık sana, sağcılardan selâm denilecektir. 92- Ama o, ya-
lanlayan sapıklardan ise, 93- Şüphesiz, ağırlanışı kaynar su ile
olacaktır. 94- Yaslanacağı da cehennemdir. 95- İşte bu, kesin
hakikat budur. 96- Haydi, Rabbini yüce ismiyle tesbih et.

سُورَةُ النَّازِعَاتِ | NÂZİÂT SÛRESİ

46 Âyet

بِسْمِ اللّٰهِ الرَّحْمٰنِ الرَّح۪يمِ

وَالنَّازِعَاتِ غَرْقًاۙ ﴿١﴾ وَالنَّاشِطَاتِ نَشْطًاۙ
﴿٢﴾ وَالسَّابِحَاتِ سَبْحًاۙ ﴿٣﴾ فَالسَّابِقَاتِ
سَبْقًاۙ ﴿٤﴾ فَالْمُدَبِّرَاتِ اَمْرًاۘ ﴿٥﴾ يَوْمَ تَرْجُفُ
الرَّاجِفَةُۙ ﴿٦﴾ تَتْبَعُهَا الرَّادِفَةُۜ ﴿٧﴾ قُلُوبٌ يَوْمَئِذٍ
وَاجِفَةٌۙ ﴿٨﴾ اَبْصَارُهَا خَاشِعَةٌۘ ﴿٩﴾ يَقُولُونَ
ءَاِنَّا لَمَرْدُودُونَ فِي الْحَافِرَةِۜ ﴿١٠﴾ ءَاِذَا كُنَّا
عِظَامًا نَخِرَةًۜ ﴿١١﴾ قَالُوا تِلْكَ اِذًا كَرَّةٌ خَاسِرَةٌۘ
﴿١٢﴾ فَاِنَّمَا هِيَ زَجْرَةٌ وَاحِدَةٌۙ ﴿١٣﴾ فَاِذَا هُمْ
بِالسَّاهِرَةِۜ ﴿١٤﴾ هَلْ اَتٰيكَ حَد۪يثُ مُوسٰىۘ ﴿١٥﴾

OKUNUŞU

Bismillâhi'r-rahmâni'r-rahîm.

Ve'n-nâzi'âti ğarkâ (1) Ve'n-nâşitâti neştâ (2) Ve's-sâbihâti
sebhâ (3) Fe's-sâbikâti sebkâ (4) Fe'l-müdebbirâti emrâ (5)
Yevme tercüfü'r-râcifeh (6) Tetbe'uhe'r-râdifeh (7) Kulûbü'y-
yevme'izi'v-vâcifeh (8) Ebsâruhâ hâşi'ah (9) Yekûlûne e innâ
le-merdûdûne fi'l-hâfirah (10) E izâ künnâ 'izâmen-nehırah (11)
Kâlû tilke izen kerratün hâsirah (12) Fe innemâ hiye zecratü'v-
vâhıdeh (13) Fe-izâ hüm-bi's-sâhirah (14) Hel etâke hadîsü mûsâ (15)

MEÂLİ

Mekke'de inmiştir, 46 âyettir.

Rahmân ve Rahîm olan Allah'ın adıyla.

1- O daldırıp -canları- çekip alanlara, 2- Yavaşcacık çekenlere,
3- Yüzüp yüzüp gidenlere, 4- Derken, yarışıp geçenlere, 5- Der-
ken bir iş çevirenlere yemin olsun ki-kıyâmet var. 6- O gün,
şiddetli bir sarsıntı sarsar. 7- Onu, bir ikincisi takip eder. 8- O
gün, yürekler hoplar kaygıdan, 9- Gözleri kalkmaz saygıdan,
10- Derler ki: "Gerçekten biz, o kabirlerde öldükten sonra ge-
risin geriye mi döndürüleceğiz?" 11- "Yâ, ufalanmış kemikler
olduğumuz zaman ha?.." 12- Dediler ki; "Öyleyse o, hüsranlı
bir dönüştür." 13- Fakat o, zorlu bir kumanda ile tek bir hay-
kırıştan ibarettir. 14- Bir de bakarsın ki uyanmışlar, hepsi mey-
dandadırlar. 15- Sana, Mûsâ'nın haberi geldi ya!

اِذْ نَادٰيهُ رَبُّهُ بِالْوَادِ الْمُقَدَّسِ طُوًى ﴿١٦﴾ اِذْهَبْ
اِلٰى فِرْعَوْنَ اِنَّهُ طَغٰى ﴿١٧﴾ فَقُلْ هَلْ لَكَ اِلٰٓى
اَنْ تَزَكّٰى ﴿١٨﴾ وَاَهْدِيَكَ اِلٰى رَبِّكَ فَتَخْشٰى
﴿١٩﴾ فَاَرٰيهُ الْاٰيَةَ الْكُبْرٰى ﴿٢٠﴾ فَكَذَّبَ وَعَصٰى
﴿٢١﴾ ثُمَّ اَدْبَرَ يَسْعٰى ﴿٢٢﴾ فَحَشَرَ فَنَادٰى ﴿٢٣﴾
فَقَالَ اَنَا رَبُّكُمُ الْاَعْلٰى ﴿٢٤﴾ فَاَخَذَهُ اللّٰهُ نَكَالَ
الْاٰخِرَةِ وَالْاُولٰى ﴿٢٥﴾ اِنَّ فٖى ذٰلِكَ لَعِبْرَةً لِمَنْ
يَخْشٰى ﴿٢٦﴾ ءَاَنْتُمْ اَشَدُّ خَلْقًا اَمِ السَّمَٓاءُ بَنٰيهَا
﴿٢٧﴾ رَفَعَ سَمْكَهَا فَسَوّٰيهَا ﴿٢٨﴾ وَاَغْطَشَ لَيْلَهَا
وَاَخْرَجَ ضُحٰيهَا ﴿٢٩﴾ وَالْاَرْضَ بَعْدَ ذٰلِكَ
دَحٰيهَا ﴿٣٠﴾ اَخْرَجَ مِنْهَا مَٓاءَهَا وَمَرْعٰيهَا ﴿٣١﴾

İz nâdâhü rabbuhû bi'l-vâdi'l-mukaddesi tuvâ (16) İzheb ilâ
fir'avne innehû tağâ (17) Fe-kul hel-leke ilâ en tezekkâ (18) Ve
ehdiyeke ilâ rabbike fe-tahşâ (19) Fe-erâhü'l-âyete'l-kübrâ (20)
Fe-kezzebe ve 'asâ (21) Sümme edbera yes'â (22) Fe haşera fe-
nâdâ (23) Fe-kâle ene rabbükümü'l a'lâ (24) Fe-ehazehüllâhü
nekâle'l-âhırati ve'l-ûlâ (25) İnne fî zâlike le 'ibrate'l-li-mey-
yahşâ (26) E entüm eşeddü halkan emi's-semâ, benâhâ (27)
Rafe'a semkehâ fe-sevvâhâ (28) Ve-ağtaşe leylehâ ve ahrace
duhâhâ (29) Ve'l-erda ba'de zâlike dehâhâ (30) Ahrace minhâ
mâ'ehâ ve mer'âhâ (31)

16- Hani Rabbin ona, mukaddes Tuva vadisinde seslenmişti.
17- "Haydi, Firavun'a git; çünkü o çok azdı" demişti. 18- De
ki: "Temizlenmeyi arzular mısın?" 19- "Sana Rabbinin yolunu
göstereyim de, böylelikle O'na saygı duyasın." 20- Ona gidip,
o büyük mucizeyi gösterdi. 21- Ama o, yalanladı ve isyan etti.
22- Sonra koşarak gerisin geriye döndü. 23- Derken cemaatini
topladı ve onlara şöyle bağırdı; 24- " Sizin en yüce Rabbiniz
benim!" 25- Allah da onu yakaladı, sonuna ve önüne -dünya
ve âhirette- ibret olmak üzere cezalandırdı! 26- Şüphesiz ki
bunda, saygı duyacaklar için bir ibret vardır. 27- Yaratılış ba-
kımından siz mi daha zorsunuz, yoksa gök yüzü mü? Ki o Al-
lah onu bina etmiştir. 28- Boyuna yükseklik vermiş, nizamına
koymuştur. 29- Gecesini karartmış, kuşluğunu -gündüzünü-
çıkarmıştır. 30- Ondan sonra da yeryüzünü döşedi. 31- Ondan,
suyunu ve otlağını çıkardı.

وَالْجِبَالَ اَرْسٰيهَاۙ ﴿٣٢﴾ مَتَاعًا لَكُمْ وَلِاَنْعَامِكُمْۜ
﴿٣٣﴾ فَاِذَا جَٓاءَتِ الطَّٓامَّةُ الْكُبْرٰىۘ ﴿٣٤﴾ يَوْمَ
يَتَذَكَّرُ الْاِنْسَانُ مَا سَعٰىۙ ﴿٣٥﴾ وَبُرِّزَتِ الْجَح۪يمُ
لِمَنْ يَرٰى ﴿٣٦﴾ فَاَمَّا مَنْ طَغٰىۙ ﴿٣٧﴾ وَاٰثَرَ الْحَيٰوةَ
الدُّنْيَاۙ ﴿٣٨﴾ فَاِنَّ الْجَح۪يمَ هِيَ الْمَاْوٰىۜ ﴿٣٩﴾ وَاَمَّا
مَنْ خَافَ مَقَامَ رَبِّه۪ وَنَهَى النَّفْسَ عَنِ الْهَوٰىۙ
﴿٤٠﴾ فَاِنَّ الْجَنَّةَ هِيَ الْمَاْوٰىۜ ﴿٤١﴾ يَسْـَٔلُونَكَ
عَنِ السَّاعَةِ اَيَّانَ مُرْسٰيهَاۜ ﴿٤٢﴾ ف۪يمَ اَنْتَ مِنْ
ذِكْرٰيهَاۜ ﴿٤٣﴾ اِلٰى رَبِّكَ مُنْتَهٰيهَاۜ ﴿٤٤﴾ اِنَّمَٓا
اَنْتَ مُنْذِرُ مَنْ يَخْشٰيهَاۜ ﴿٤٥﴾ كَاَنَّهُمْ يَوْمَ
يَرَوْنَهَا لَمْ يَلْبَثُٓوا اِلَّا عَشِيَّةً اَوْ ضُحٰيهَا ﴿٤٦﴾

Ve'l-cibâle ersâhâ (32) Metâ'a'l-leküm ve li-en'âmiküm (33) Fe-izâ câ'eti't-tâmmetü'l-kübrâ (34) Yevme yetezekkeru'l-insânü mâ se'â (35) Ve bürrizeti'l-cehîmü li-mey-yerâ (36) Fe-emmâ men tağâ (37) Ve âsera'l-hayâte'd-dünyâ (38) Fe-innel cahîme hiye'l-me'vâ (39) Ve emmâ men hâfe mekâme rabbihî ve nehe'n-nefse 'ani'l-hevâ (40) Fe-inne'l-cennete hiye'l-me'vâ (41) Yes'elûneke 'ani's-sâati eyyâne mürsâhâ (42) Fîme ente min zikrâhâ (43) İlâ rabbike müntehâhâ (44) İnnemâ ente münziru mey-yahşâhâ (45) Ke-ennehüm yevme yeravnehâ lem yelbesû illâ 'aşiyyeten ev-duhâhâ (46)

32- Dağlarını oturttu. **33-** Sizin ve davarlarınızın faydalanması için. **34-** Ama o büyük felaket geldiği zaman!.. **35-** O, insanın nereye koştuğunu anlayacağı gün, **36-** Görenler için cehennem, hortlatıldığı zaman!.. **37-** Artık her kim azgınlık etmişse, **38-** Dünya hayatını tercih etmişse, **39-** Elbette cehennemdir, onun varacağı yer. **40-** Her kim de Rabbinin makamından korkmuş ve nefsini kötü arzulardan engellemişse, **41-** Elbette cennettir, onun da varacağı yer. **42-** Sana, o saatten- kıyametten- soruyorlar; "Ne zaman demir atacak?" diye. **43-** Nerde sende, onu anlatmak? **44-** Onun nihayeti- nihâi ilmi- Rabbine varır. **45-** Sen ancak, ondan korkacaklar için bir uyarıcısın. **46-** Onlar onu görecekleri gün, sanki bir akşam veya bir kuşluk- vaktinden- başka kalmamışa dönecekler!

سُورَةُ الضُّحٰى

DUHÂ SÛRESİ
11 Âyet

بِسْمِ اللّٰهِ الرَّحْمٰنِ الرَّحِيمِ

وَالضُّحٰىۙ ﴿١﴾ وَالَّيْلِ اِذَا سَجٰىۙ ﴿٢﴾ مَا
وَدَّعَكَ رَبُّكَ وَمَا قَلٰىؕ ﴿٣﴾ وَلَلْاٰخِرَةُ
خَيْرٌ لَكَ مِنَ الْاُو۫لٰىؕ ﴿٤﴾ وَلَسَوْفَ
يُعْطِيكَ رَبُّكَ فَتَرْضٰىؕ ﴿٥﴾ اَلَمْ يَجِدْكَ
يَتِيمًا فَاٰوٰىۖ ﴿٦﴾ وَوَجَدَكَ ضَٓالًّا فَهَدٰىۖ
﴿٧﴾ وَوَجَدَكَ عَٓائِلًا فَاَغْنٰىؕ ﴿٨﴾ فَاَمَّا
الْيَت۪يمَ فَلَا تَقْهَرْؕ ﴿٩﴾ وَاَمَّا السَّٓائِلَ فَلَا
تَنْهَرْؕ ﴿١٠﴾ وَاَمَّا بِنِعْمَةِ رَبِّكَ فَحَدِّثْ ﴿١١﴾

OKUNUŞU

Bismillâhi'r-rahmâni'r-rahîm

Ve'd-duhâ (1) Ve'l-leyli izâ secâ (2) Mâ vedde'ake rabbüke ve mâ kalâ (3) ve le'l-âhiratü hayru'l-leke mine'l-ûlâ (4) ve le-sevfe yü'tîke rabbüke fe-terdâ (5) e-lem yecidke yetîmen fe-âvâ (6) Ve vecedeke dâllen fe-hedâ (7) Ve vecedeke 'â'ilen fe-ağnâ (8) Fe-emme'l-yetîme fe-lâ takher (9) Ve-emmâ's-sâ'ile fe-lâ tenher (10) Ve-emmâ bini'meti rabbike fe-haddis (11)

MEÂLİ

Mekke'de inmiştir, 11 âyettir.

Rahmân ve Rahîm olan Allah'ın adıyla.

1- Yemin olsun, o kuşluk vaktine, 2- Ve sakinleştiği zaman o geceye ki 3- Rabbin sana veda etmedi ve darılmadı! 4- Şüphesiz ki, senin için sonu, önünden daha hayırlıdır. 5- İleride, Rabbin sana verecek; öyle verecek ki hoşnut olacaksın. 6- O, seni bir yetim iken barındırmadı mı? 7- Seni, yol bilmiyor iken, yola koymadı mı? 8- Seni, bir yoksul iken zengin etmedi mi? 9- Öyle ise... yetime sakın kahretme! 10- Dileneni ise, azarlama! 11- Ama Rabbinin nimetini anlat da anlat!

سُورَةُ الْاِنْشِرَاحِ | İNŞİRAH SÛRESİ 8 Âyet

بِسْمِ اللّٰهِ الرَّحْمٰنِ الرَّح۪يمِ

اَلَمْ نَشْرَحْ لَكَ صَدْرَكَۙ ﴿١﴾ وَوَضَعْنَا عَنْكَ وِزْرَكَۙ
﴿٢﴾ اَلَّذ۪ٓي اَنْقَضَ ظَهْرَكَۙ ﴿٣﴾ وَرَفَعْنَا لَكَ ذِكْرَكَۜ
﴿٤﴾ فَاِنَّ مَعَ الْعُسْرِ يُسْرًاۙ ﴿٥﴾ اِنَّ مَعَ الْعُسْرِ يُسْرًاۜ ﴿٦﴾
فَاِذَا فَرَغْتَ فَانْصَبْۙ ﴿٧﴾ وَاِلٰى رَبِّكَ فَارْغَبْ ﴿٨﴾

سُورَةُ التّ۪ينِ | TÎN SÛRESİ 8 Âyet

بِسْمِ اللّٰهِ الرَّحْمٰنِ الرَّح۪يمِ

وَالتّ۪ينِ وَالزَّيْتُونِۙ ﴿١﴾ وَطُورِ س۪ين۪ينَۙ ﴿٢﴾ وَهٰذَا الْبَلَدِ
الْاَم۪ينِۙ ﴿٣﴾ لَقَدْ خَلَقْنَا الْاِنْسَانَ ف۪ٓي اَحْسَنِ تَقْو۪يمٍۘ ﴿٤﴾
ثُمَّ رَدَدْنَاهُ اَسْفَلَ سَافِل۪ينَۙ ﴿٥﴾ اِلَّا الَّذ۪ينَ اٰمَنُوا وَعَمِلُوا
الصَّالِحَاتِ فَلَهُمْ اَجْرٌ غَيْرُ مَمْنُونٍۜ ﴿٦﴾ فَمَا يُكَذِّبُكَ
بَعْدُ بِالدّ۪ينِۜ ﴿٧﴾ اَلَيْسَ اللّٰهُ بِاَحْكَمِ الْحَاكِم۪ينَ ﴿٨﴾

İNŞİRAH SÛRESİ

Mekke'de inmiştir, 8 âyettir.

Bismillâhi'r-rahmâni'r-rahîm

E-lem neşrah leke sadrak (1) Ve veda'nâ 'anke vizrak (2) Ellezî enkada
zahrak (3) Ve rafe'nâ leke zikrak (4) Fe-inne me'a'l-'usri yüsrâ (5) İnne
me'al-'usri yüsrâ (6) Fe-izâ ferağte fe-nsab (7) Ve ilâ rabbike ferğab (8)

Rahmân ve Rahîm olan Allah'ın adıyla.

1- Senin bağrını açıp genişletmedik mi? 2- Senden, o yükünü indir-
medik mi? 3- Ki, sırtının bütün -kemiklerini- gıcırdatmıştı. 4- Senin şa-
nını yükseltmedik mi? 5- Demek ki, zorlukla beraber bir kolaylık var.
6- Evet, zorlukla beraber bir kolaylık vardır. 7- O halde, boşa çıktın
mı yine kalk, yorul. 8- Ve ancak Rabbine rağbet et, hep O'na yönel.

TÎN SÛRESİ

Mekke'de inmiştir, 8 âyettir.

Bismillâhi'r-rahmâni'r-rahîm

Ve't-tîni ve'z-zeytûn (1) Ve tûri sînîn (2) Ve hâze'l-beledi'l-emîn (3) Le-kad
halakne'l-insâne fî ehseni takvîm (4) Sümme radednâhü esfele sâfilîn (5)
İllellezîne âmenû ve 'amilü's-sâlihâti fe-lehüm ecrun ğayru memnûn (6)
Fe-mâ yükezzibüke ba'dü bi'd-dîn (7) E leysallâhü bi-ahkemi'l-hâkimîn (8)

Rahmân ve Rahîm olan Allah'ın adıyla.

1- Yemin olsun o incire ve o zeytine, 2- Ve Sinâ dağına, 3- Bu güvenli
şehre, 4- Ki, biz insanı en güzel bir biçimde yarattık. 5- Sonra da onu
çevirip, aşağıların en aşağısına ittik. 6- Ancak îmân edip, yararlı işler ya-
pan kimseler başka; onlar için kesilmeyen bir mükâfat vardır. 7- O halde
sana, dini yalanlatan şey nedir? 8- Allah, hâkimlerin hâkimi değil mi?

سُورَةُ الْعَلَقِ | ALAK SÛRESİ 19 Âyet

بِسْمِ اللّٰهِ الرَّحْمٰنِ الرَّح۪يمِ

اِقْرَاْ بِاسْمِ رَبِّكَ الَّذ۪ي خَلَقَۚ ﴿١﴾ خَلَقَ الْاِنْسَانَ
مِنْ عَلَقٍۚ ﴿٢﴾ اِقْرَاْ وَرَبُّكَ الْاَكْرَمُۙ ﴿٣﴾ اَلَّذ۪ي عَلَّمَ
بِالْقَلَمِۙ ﴿٤﴾ عَلَّمَ الْاِنْسَانَ مَا لَمْ يَعْلَمْؕ ﴿٥﴾ كَلَّٓا اِنَّ
الْاِنْسَانَ لَيَطْغٰىۙ ﴿٦﴾ اَنْ رَاٰهُ اسْتَغْنٰىؕ ﴿٧﴾ اِنَّ اِلٰى
رَبِّكَ الرُّجْعٰىؕ ﴿٨﴾ اَرَاَيْتَ الَّذ۪ي يَنْهٰىۙ ﴿٩﴾ عَبْدًا اِذَا
صَلّٰىؕ ﴿١٠﴾ اَرَاَيْتَ اِنْ كَانَ عَلَى الْهُدٰىۙ ﴿١١﴾ اَوْ اَمَرَ
بِالتَّقْوٰىؕ ﴿١٢﴾ اَرَاَيْتَ اِنْ كَذَّبَ وَتَوَلّٰىؕ ﴿١٣﴾ اَلَمْ يَعْلَمْ
بِاَنَّ اللّٰهَ يَرٰىؕ ﴿١٤﴾ كَلَّا لَئِنْ لَمْ يَنْتَهِ لَنَسْفَعًا بِالنَّاصِيَةِۙ
﴿١٥﴾ نَاصِيَةٍ كَاذِبَةٍ خَاطِئَةٍۚ ﴿١٦﴾ فَلْيَدْعُ نَادِيَهُۙ ﴿١٧﴾ سَنَدْعُ
الزَّبَانِيَةَۙ ﴿١٨﴾ كَلَّاؕ لَا تُطِعْهُ وَاسْجُدْ وَاقْتَرِبْ ﴿١٩﴾

Bismillâhi'r-rahmâni'r-rahîm

İkra' bi-smi rabbike'l-lezî halak (1) Haleka'l-insâne min 'alak (2) İkra' ve-rabbüke'l-ekram (3) Ellezî 'alleme bi'l-kalem (4) 'Alleme'l-insâne mâ lem ya'lem (5) Kellâ inne'l-insâne le-yetğâ (6) Er-ra'âhü-stağnâ (7) İnne ilâ rabbike'r-ruc'â (8) E-ra'eyte'l-lezî yenhâ (9) 'Abden izâ sallâ (10) E-ra'eyte in kâne 'ale'l-hüdâ (11) Ev emera bi't-tekvâ (12) E-ra'eyte in kezzebe ve-tevellâ (13) E-lem ya'lem bi-ennallâhe yerâ (14) Kellâ lei'l-lem yentehi lenesfe'a'm-bi'n-nâsıyeh (15) Nâsıyetin kâzibetin hâti'eh (16) Fe'l-yed'u nâdiyeh (17) Sened'u'z-zebâniyeh (18) Kellâ lâ tüti'hü ve-scüd va-kterib (Secde Âyeti) (19)

Mekke'de inmiştir, 19 âyettir.

Rahmân ve Rahîm olan Allah'ın adıyla.

1- Yaratan Rabbinin ismiyle oku! 2- İnsanı bir kan pıhtısından yarattı. 3- Oku! O, sonsuz kerem sahibi Rabbindir. 4- Kalem ile öğretendir. 5- O, insana bilmediği şeyleri öğretti. 6- Sakın, okumamazlık etme! Çünkü insan, muhakkak azar. 7- Kendini ihtiyaçsız görerek... 8- Şüphesiz ki, sonunda dönüş Rabbinedir. 9- Baksana! O mâni olana. 10- Namaz kılan bir kulu. 11- Baksana! O, doğru yol üzere giderse, 12- Yâ da, Allah korkusunu emrederse, fena mı? 13- Baksana! Eğer yalanlar, aksine giderse, daha mı iyi? 14- Allah'ın kesinlikle gördüğünü bilmiyor mu? 15- Sakın! Andolsun ki, eğer akıllanıp vazgeçmezse, biz o alnı elbette sürükleyeceğiz! 16- Yalancı, cani bir alnı! 17- O zaman, çağırsın bakalım o kurultayını, meclisini! 18- Biz de çağıracağız zebanileri! 19- Sakın, onu dinleme; secde et ve yaklaş!

سُورَةُ الْقَدْرِ | KADİR SÛRESİ 5 Âyet

بِسْمِ اللّٰهِ الرَّحْمٰنِ الرَّح۪يمِ

اِنَّٓا اَنْزَلْنَاهُ ف۪ي لَيْلَةِ الْقَدْرِۚ ﴿١﴾ وَمَٓا اَدْرٰیكَ مَا
لَيْلَةُ الْقَدْرِۜ ﴿٢﴾ لَيْلَةُ الْقَدْرِ خَيْرٌ مِنْ اَلْفِ شَهْرٍۜ
﴿٣﴾ تَنَزَّلُ الْمَلٰٓئِكَةُ وَالرُّوحُ ف۪يهَا بِاِذْنِ رَبِّهِمْۚ
مِنْ كُلِّ اَمْرٍۙ ﴿٤﴾ سَلَامٌۜ هِيَ حَتّٰى مَطْلَعِ الْفَجْرِ ﴿٥﴾

سُورَةُ الْبَيِّنَةِ | BEYYİNE SÛRESİ 8 Âyet

بِسْمِ اللّٰهِ الرَّحْمٰنِ الرَّح۪يمِ

لَمْ يَكُنِ الَّذ۪ينَ كَفَرُوا مِنْ اَهْلِ الْكِتَابِ
وَالْمُشْرِك۪ينَ مُنْفَكّ۪ينَ حَتّٰى تَأْتِيَهُمُ الْبَيِّنَةُۙ
﴿١﴾ رَسُولٌ مِنَ اللّٰهِ يَتْلُوا صُحُفاً مُطَهَّرَةًۙ ﴿٢﴾

KADİR SÛRESİ

Mekke'de inmiştir, 5 âyettir.

Bismillâhi'r-rahmâni'r-rahîm

İnnâ enzelnâhü fî leyleti'l-kadr (1) Ve mâ edrâke mâ leyletü'l-kadr (2) Leyletü'l-kadri hayrum-min elfi şehr (3) Tenezzelü'l-melâ'iketü ve'r-rûhu fîhâ bi-izni rabbihim-min külli emr (4) Selâmun hiye hattâ matla'i'l-fecr (5)

Rahmân ve Rahîm olan Allah'ın adıyla.

1- Doğrusu biz onu -Kur'ân'ı- Kadir gecesinde indirdik. 2- Kadir gecesinin ne olduğunu sana bildiren de nedir? 3- O Kadir gecesi bin aydan hayırlıdır. 4- Onda –o gecede- melekler ve Cebrâil, Rablerinin izniyle her bir iş için iner. 5- O -gece- tâ şafak sökünceye kadar esenliktir, selâmettir.

BEYYİNE SÛRESİ

Mekke'de inmiştir, 8 âyettir.

Bismillâhi'r-rahmâni'r-rahîm

Lem yeküni'l-lezîne keferû min ehli'l-kitâbi ve'l-müşrikîne münfekkîne hattâ te'tiyehümü'l-beyyineh (1) Rasûlüm-minallâhi yetlû suhufe'm-mütahherah (2)

Rahmân ve Rahîm olan Allah'ın adıyla.

1-Kitap ehlinden olan ve Allah'a ortak koşan o inkârcılar, kendilerine apaçık bir delil gelinceye kadar –dinlerinden– ayrılacak değillerdi. 2- Delil- Allah'tan gelen bir peygamber ki, peyderpey indirilmiş tertemiz sayfaları okuyor.

فِيهَا كُتُبٌ قَيِّمَةٌ ﴿٣﴾ وَمَا تَفَرَّقَ الَّذِينَ اُوتُوا
الْكِتَابَ اِلَّا مِنْ بَعْدِ مَا جَٓاءَتْهُمُ الْبَيِّنَةُ ﴿٤﴾ وَمَٓا
اُمِرُٓوا اِلَّا لِيَعْبُدُوا اللّٰهَ مُخْلِصِينَ لَهُ الدِّينَ حُنَفَٓاءَ
وَيُقِيمُوا الصَّلٰوةَ وَيُؤْتُوا الزَّكٰوةَ وَذٰلِكَ دِينُ
الْقَيِّمَةِ ﴿٥﴾ اِنَّ الَّذِينَ كَفَرُوا مِنْ اَهْلِ الْكِتَابِ
وَالْمُشْرِكِينَ فِى نَارِ جَهَنَّمَ خَالِدِينَ فِيهَاۜ
اُولٰٓئِكَ هُمْ شَرُّ الْبَرِيَّةِ ﴿٦﴾ اِنَّ الَّذِينَ اٰمَنُوا
وَعَمِلُوا الصَّالِحَاتِ اُولٰٓئِكَ هُمْ خَيْرُ الْبَرِيَّةِ
﴿٧﴾ جَزَٓاؤُهُمْ عِنْدَ رَبِّهِمْ جَنَّاتُ عَدْنٍ تَجْرِى
مِنْ تَحْتِهَا الْاَنْهَارُ خَالِدِينَ فِيهَٓا اَبَداًۜ رَضِىَ اللّٰهُ
عَنْهُمْ وَرَضُوا عَنْهُۜ ذٰلِكَ لِمَنْ خَشِىَ رَبَّهُ ﴿٨﴾

Fîhâ kütübün kayyimeh (3) Ve-mâ teferrakallezîne ûtü'l-kitâbe illâ mim-ba'di mâ câ'ethümü'l-beyyineh (4) Ve mâ ümirû illâ liya'büdullâhe mühlisîne lehü'd-dîne hunefâ'e ve-yükîmü's-salâte ve yü'tü'z-zekâte ve zâlike dînü'l-kayyimeh (5) İnnellezîne keferû min ehli'l-kitâbi ve'l-müşrikîne fî nâri-cehenneme hâlidîne fîhâ, ülâ'ike hüm şerru'l-beriyyeh (6) İnnellezîne âmenû ve 'amilü's-sâlihâti ülâ'ike hüm hayru'l-beriyyeh (7) Cezâ'ühüm 'inde rabbihim cennâtü 'adnin tecrî min tahtihe'l-enhâru hâlidîne fîhâ ebede, radiyallâhü 'an-hüm ve radû 'anh, zâlike li-men haşiye rabbeh (8)

3- O sayfalarda, dosdoğru yazılmış yazılar vardır. 4- Böyle iken, o kitap verilmiş olanlar, sadece kendilerine o apaçık deliller geldikten sonra ayrıldılar. 5- Oysa onlar; Allah'ı birleyen bir hakperestler olarak dini, yalnız Allah'a hâlis kılıp, yalnız Allah'a ibadet etmeleri, namazı dürüst kılmaları ve zekâtı vermeleri ile emrolunmuşlardı. İşte en doğru din budur. 6- Gerek kitap ehlinden olsun, gerekse Allah'a ortak koşanlardan inkâr edenler, muhakkak cehennem ateşindedirler. Orada ebedi kalacaklardır. İşte halkın en şerlileri onlardır. 7- Muhakkak ki, îmân edip yararlı işler yapanlar da halkın en hayırlılarıdır. 8- Rablerinin katında onların mükafatı; içlerinde ebedi kalacakları altından ırmaklar akan cennetlerdir. Allah onlardan hoşnut, onlar da O'ndan hoşnut oldular. İşte bu, Rabbine karşı saygı duyanlar içindir.

سُورَةُ الزِّلْزَالِ | **ZİLZÂL SÛRESİ** 8 Âyet

بِسْمِ اللّٰهِ الرَّحْمٰنِ الرَّح۪يمِ

اِذَا زُلْزِلَتِ الْاَرْضُ زِلْزَالَهَاۙ ﴿١﴾ وَاَخْرَجَتِ
الْاَرْضُ اَثْقَالَهَاۙ ﴿٢﴾ وَقَالَ الْاِنْسَانُ مَا لَهَاۚ ﴿٣﴾
يَوْمَئِذٍ تُحَدِّثُ اَخْبَارَهَاۙ ﴿٤﴾ بِاَنَّ رَبَّكَ اَوْحٰى
لَهَاۜ ﴿٥﴾ يَوْمَئِذٍ يَصْدُرُ النَّاسُ اَشْتَاتًا لِيُرَوْا
اَعْمَالَهُمْۜ ﴿٦﴾ فَمَنْ يَعْمَلْ مِثْقَالَ ذَرَّةٍ خَيْرًا
يَرَهُۜ ﴿٧﴾ وَمَنْ يَعْمَلْ مِثْقَالَ ذَرَّةٍ شَرًّا يَرَهُ ﴿٨﴾

ZİLZAL DUÂSI

اَللّٰهُمَّ احْفَظْن۪ي مِنْ بَيْنِ يَدَيَّ وَمِنْ خَلْف۪ي
وَعَنْ يَم۪ين۪ي وَعَنْ شِمَال۪ي وَمِنْ فَوْق۪ي
وَاَعُوذُ بِعَظَمَتِكَ اَنْ اُغْتَالَ مِنْ تَحْت۪ي

ZİLZAL SÛRESİ

Mekke'de inmiştir, 8 âyettir.

Bismillâhi'r-rahmâni'r-rahîm

İzâ zülzileti'l-erdu zilzâlehâ (1) Ve-ahraceti'l-erdu eskâlehe (2)
Ve kâle'l-insânü mâ lehe (3) Yevme'izin tühaddisü ahbârahe
(4) Bi-enne rabbeke evhâ lehe (5) Yevmeizi'y-yasdüru'n-nâsü
eştâte'l-li-yürav e'mâlehüm (6) Feme'y-ya'mel miskâle zerratin
hayra'y-yerah (7) Ve me'y-ya'mel miskâle zerratin şerra'y-yerah (8)

Rahmân ve Rahîm olan Allah'ın adıyla.

1- Yer, o sarsıntı ile sarsıldığı zaman, 2- Yer, ağırlıklarını çıkardığı
zaman, 3- Ve insan, "Buna ne oluyor?" dediği zaman, 4- İşte o
gün, bütün haberlerini –üzerinde yapılanları– anlatır. 5- Çünkü
Rabbin O'na vahyetmiştir. 6- O gün insanlar, yaptıklarının ken-
dilerine gösterilmesi için grup, grup, muhtelif bir halde fırla-
yacaklardır. 7- Her kim, zerre kadar bir hayır işlerse onu göre-
cek. 8- Her kim, zerre miktarı kötülük işlerse onu da görecek.

ZİLZAL DUÂSI

Allahümme-hfeznî min beyni yedeyye ve min halfî ve an yemînî ve an şimâlî ve min fevkî ve eu'zu bi azametike en uğtâle min tehtî.

"Allah'ım, önümden, arkamdan, sağımdan, solumdan ve üstümden (gelebilecek tehlikelerden) altımdan gelebilecek (zelzele gibi) felâketlerden de azâmetine sığınırım."

سُورَةُ الْعَادِيَاتِ | ÂDİYÂT SÛRESİ 11 Âyet

بِسْمِ اللّٰهِ الرَّحْمٰنِ الرَّح۪يمِ

وَالْعَادِيَاتِ ضَبْحًاۙ ﴿١﴾ فَالْمُورِيَاتِ قَدْحًاۙ ﴿٢﴾ فَالْمُغ۪يرَاتِ
صُبْحًاۙ ﴿٣﴾ فَاَثَرْنَ بِه۪ نَقْعًاۙ ﴿٤﴾ فَوَسَطْنَ بِه۪ جَمْعًاۙ ﴿٥﴾ اِنَّ
الْاِنْسَانَ لِرَبِّه۪ لَكَنُودٌۚ ﴿٦﴾ وَاِنَّهُ عَلٰى ذٰلِكَ لَشَه۪يدٌۚ ﴿٧﴾ وَاِنَّهُ
لِحُبِّ الْخَيْرِ لَشَد۪يدٌۜ ﴿٨﴾ اَفَلَا يَعْلَمُ اِذَا بُعْثِرَ مَا فِي الْقُبُورِۙ ﴿٩﴾
وَحُصِّلَ مَا فِي الصُّدُورِۙ ﴿١٠﴾ اِنَّ رَبَّهُمْ بِهِمْ يَوْمَئِذٍ لَخَب۪يرٌ ﴿١١﴾

سُورَةُ الْقَارِعَةِ | KÂRİ'Â SÛRESİ 11 Âyet

بِسْمِ اللّٰهِ الرَّحْمٰنِ الرَّح۪يمِ

اَلْقَارِعَةُۙ ﴿١﴾ مَا الْقَارِعَةُۚ ﴿٢﴾ وَمَٓا اَدْرٰيكَ مَا الْقَارِعَةُۜ ﴿٣﴾ يَوْمَ يَكُونُ
النَّاسُ كَالْفَرَاشِ الْمَبْثُوثِۙ ﴿٤﴾ وَتَكُونُ الْجِبَالُ كَالْعِهْنِ الْمَنْفُوشِۜ
﴿٥﴾ فَاَمَّا مَنْ ثَقُلَتْ مَوَاز۪ينُهُۙ ﴿٦﴾ فَهُوَ ف۪ي ع۪يشَةٍ رَاضِيَةٍۜ ﴿٧﴾ وَاَمَّا مَنْ خَفَّتْ
مَوَاز۪ينُهُۙ ﴿٨﴾ فَاُمُّهُ هَاوِيَةٌۜ ﴿٩﴾ وَمَٓا اَدْرٰيكَ مَا هِيَهْۜ ﴿١٠﴾ نَارٌ حَامِيَةٌ ﴿١١﴾

ADİYAT SÛRESİ

Mekke'de inmiştir, 11 âyettir.

Bismillâhi'r-rahmâni'r-rahîm

Ve'l-âdiyâti dabhâ (1) Fe'l-mûriyâti kadhâ (2) Fe'l-müğîrâti subhâ (3) Fe-eserne bihî nek'â (4) Fe-vesetne bihî cem'â (5) İnne'l-insâne li-rabbihî le-kenûd (6) Ve innehû 'alâ zâlike le-şehîd (7) Ve innehû li-hubbi'l-hayri le-şedîd (8) E-fe-lâ ya'lemü izâ bü'sira mâ fi'l-kubûr (9) Ve hussile mâ fi's-sudûr (10) İnne rabbehüm-bihim yevme'izi'l-le-habîr (11)

Rahmân ve Rahîm olan Allah'ın adıyla.

1- Yemin olsun, o harıl harıl koşular koşanlara, 2- Ateşler çakıp saçanlara, 3- Sabahleyin baskın basanlara, 4- Derken bir toz duman savuranlara, 5- O anda bir topluluğa ortalayıp dalan kuvvetlere, 6- O insan, Rabbine karşı çok nankördür! 7- Buna, kendisi de şâhittir. 8- O, serveti sevdiği için, ona karşı çok katıdır, çok çetindir. 9- Fakat bilmeyecek mi? O kabirdekiler deşildiği zaman, 10- O göğüstekiler ortaya döküldüğü zaman, 11- O gün Rableri, onlardan elbette haberdardır.

KARİA SÛRESİ

Mekke'de inmiştir, 11 âyettir.

Bismillâhi'r-rahmâni'r-rahîm

El-kâri'ah (1) Me'l-kâri'ah (2) Ve mâ edrâke me'l-kâri'ah (3) Yevme yekûnü'n-nâsü ke'l-ferâşi'l-mebsûs (4) Ve tekûnü'l-cibâlü ke'l-ıhni'l-menfûş (5) Fe-emmâ men sekulet mevâzînuh (6) Fe-hüve fî 'îşeti'r-râdiyeh (7) Ve-emmâ men haffet mevâzînuh (8) Fe-ümmühû hâviyeh (9) Ve-mâ edrâke mâ hiyeh (10) Nârun hâmiyeh (11)

Rahmân ve Rahîm olan Allah'ın adıyla,

1- O çarpacak felaket- kıyâmet, 2- Nedir o çarpacak olan felaket? 3- O çarpacak olan felaketin ne olduğunu sana ne bildirdi? 4- O gün insanlar, çırpınıp yayılan pervaneler gibi olacak. 5- Dağlar ise, didilmiş renkli yünler gibi atılacaktır. 6- İşte o zaman, tartıları ağır basan kimse, 7- O artık hoşnut olacağı bir hayattadır. 8- Fakat tartıları hafif gelen kimse, 9- O zaman onun -sığınacağı- anası Hâviye'dir. 10- Hâviye'nin ne olduğunu bildin mi? 11- Kızışmış bir ateştir!

سُورَةُ التَّكَاثُرِ | TEKÂSÜR SÛRESİ 8 Âyet

بِسْمِ اللّٰهِ الرَّحْمٰنِ الرَّح۪يمِ

اَلْهٰيكُمُ التَّكَاثُرُۙ ﴿١﴾ حَتّٰى زُرْتُمُ الْمَقَابِرَۜ
﴿٢﴾ كَلَّا سَوْفَ تَعْلَمُونَۙ ﴿٣﴾ ثُمَّ كَلَّا سَوْفَ
تَعْلَمُونَۜ ﴿٤﴾ كَلَّا لَوْ تَعْلَمُونَ عِلْمَ الْيَق۪ينِۜ
﴿٥﴾ لَتَرَوُنَّ الْجَح۪يمَۙ ﴿٦﴾ ثُمَّ لَتَرَوُنَّهَا عَيْنَ
الْيَق۪ينِۙ ﴿٧﴾ ثُمَّ لَتُسْـَٔلُنَّ يَوْمَئِذٍ عَنِ النَّع۪يمِ ﴿٨﴾

سُورَةُ الْعَصْرِ | ASR SÛRESİ 3 Âyet

بِسْمِ اللّٰهِ الرَّحْمٰنِ الرَّح۪يمِ

وَالْعَصْرِۙ ﴿١﴾ اِنَّ الْاِنْسَانَ لَف۪ي خُسْرٍۙ ﴿٢﴾
اِلَّا الَّذ۪ينَ اٰمَنُوا وَعَمِلُوا الصَّالِحَاتِ
وَتَوَاصَوْا بِالْحَقِّ وَتَوَاصَوْا بِالصَّبْرِ ﴿٣﴾

TEKASÜR SÛRESİ

Mekke'de inmiştir, 8 âyettir.

Bismillâhi'r-rahmâni'r-rahîm

Elhâkümü't-tekâsür (1) Hattâ zürtümü'l-mekâbir (2) Kellâ sevfe ta'lemûn (3) Sümme kellâ sevfe ta'lemûn (4) Kellâ lev ta'lemûne 'ilme'l-yakîn (5) Le-teravünne'l-cahîm (6) Sümme le-teravünnehâ 'ayne'l-yakîn (7) Sümme le-tüs'elünne yevme'izin 'ani'n-na'îm (8)

Rahmân ve Rahîm olan Allah'ın adıyla.

1- Çokluk kuruntusu oyaladı sizi. 2- Tâ... kabirleri ziyaret ediverdiniz. 3- Öyle değil, ilerde bileceksiniz. 4- Sonra, öyle değil! İlerde bileceksiniz. 5- Öyle değil! Keşke kesin olarak bilseniz. 6- Yemin olsun ki, o cehennemi çaresiz göreceksiniz! 7- Sonra, yemin olsun ki onu, çaresiz kesin olarak göreceksiniz. 8- Sonra, yemin olsun ki o gün, o nimetlerden muhakkak sorulacaksınız.

ASR SÛRESİ

Mekke'de inmiştir, 3 âyettir.

Bismillâhi'r-rahmâni'r-rahîm

Ve'l-'asr (1) İnne'l-insâne le-fî husr (2) İlle'l-lezîne âmenû ve 'amilu's-sâlihâti ve tevâsav bi'l-hakkı ve tevâsav bi's-Sabr (3)

Rahmân ve Rahîm olan Allah'ın adıyla.

1- Asr'a yemin olsun ki, 2- İnsan, mutlak bir hüsrandadır. 3- Ancak, îmân edip yararlı işler yapanlar, birbirlerine hep hakkı vasiyetleşen ve sabrı tavsiye eden kimseler başka.

سُورَةُ الْهُمَزَةِ | HÜMEZE SÛRESİ 9 Âyet

بِسْمِ اللّٰهِ الرَّحْمٰنِ الرَّح۪يمِ

وَيْلٌ لِكُلِّ هُمَزَةٍ لُمَزَةٍۙ ﴿١﴾ اَلَّذ۪ي جَمَعَ مَالًا وَعَدَّدَهُۙ ﴿٢﴾
يَحْسَبُ اَنَّ مَالَهُٓ اَخْلَدَهُۚ ﴿٣﴾ كَلَّا لَيُنْبَذَنَّ فِي الْحُطَمَةِۘ ﴿٤﴾ وَمَٓا
اَدْرٰيكَ مَا الْحُطَمَةُۜ ﴿٥﴾ نَارُ اللّٰهِ الْمُوقَدَةُۙ ﴿٦﴾ اَلَّت۪ي تَطَّلِعُ
عَلَى الْاَفْـِٔدَةِۜ ﴿٧﴾ اِنَّهَا عَلَيْهِمْ مُؤْصَدَةٌۙ ﴿٨﴾ ف۪ي عَمَدٍ مُمَدَّدَةٍ ﴿٩﴾

سُورَةُ الْف۪يلِ | FÎL SÛRESİ 5 Âyet

بِسْمِ اللّٰهِ الرَّحْمٰنِ الرَّح۪يمِ

اَلَمْ تَرَ كَيْفَ فَعَلَ رَبُّكَ بِاَصْحَابِ الْف۪يلِۜ
﴿١﴾ اَلَمْ يَجْعَلْ كَيْدَهُمْ ف۪ي تَضْل۪يلٍۙ ﴿٢﴾ وَاَرْسَلَ
عَلَيْهِمْ طَيْرًا اَبَاب۪يلَۙ ﴿٣﴾ تَرْم۪يهِمْ بِحِجَارَةٍ مِنْ
سِجّ۪يلٍۙ ﴿٤﴾ فَجَعَلَهُمْ كَعَصْفٍ مَأْكُولٍ ﴿٥﴾

HÜMEZE SÛRESİ

Mekke'de inmiştir, 9 âyettir.

Bismillâhi'r-rahmâni'r-rahîm

Veylü'l-li-külli hümezeti'l-lümezeh (1) Ellezî ceme'a mâle'v-ve 'ad-
dedeh (2) Yahsebü enne mâlehû ahledeh (3) Kellâ le-yümbezenne
fi'l-hutameh (4) Ve mâ edrâke me'l-hutameh (5) Nârullâhi'l-
mûkadeh (6) Elletî tettali'u 'ale'l-ef-ideh (7) İnnehâ 'aleyhim-
mü'sadeh (8) Fî 'amedim-mümeddedeh (9)

Rahmân ve Rahîm olan Allah'ın adıyla.

1- Arkadan çekiştirip, kaş göz işareti yaparak eğlenen güruhun vay
hâline! 2- O kimseye ki, bir mal toplamış ve onu saymaktadır. 3- Malının,
kendisini ebedileştireceğini sanır. 4- Hayır! Andolsun ki, Hutame'ye
atılacaktır. 5- Hutame'nin ne olduğunu biliyor musun? 6- Allah'ın,
tutuşturulmuş bir ateşidir. 7- Kalplerin üstüne çıkar ruhlara sirâyet
eder. 8- O, onların üstüne kapatılacaktır. 9- Uzatılmış sütunlarda.

FÎL SÛRESİ

Mekke'de inmiştir, 5 âyettir.

Bismillâhi'r-rahmâni'r-rahîm

E-lem tera keyfe fe'ale rabbüke bi-ashâbi'l-fîl (1) E-lem yec'al key-
dehüm fî tadlîl (2) Ve ersele 'aleyhim tayran ebâbil (3) Termîhim-bi
hıcâratim-min siccîl (4) Fe-ce'alehüm ke-'asfim-me'kûl (5)

Rahmân ve Rahîm olan Allah'ın adıyla.

1- Rabbinin, fil sahiplerine nasıl yaptığını görmedin mi? 2- Onların
hilelerini bozup iptal etmedi mi? 3- Üzerlerine sürüler hâlinde –
Ebâbil– kuşlarını saldı. 4- Onlara, pişirilmiş sert çamurdan taşlar
atıyorlardı. 5- Derken onları, yenilmiş bir ekin yaprağı gibi yaptı.

سُورَةُ قُرَيْشٍ | KUREYŞ SÛRESİ 4 Âyet

بِسْمِ اللّٰهِ الرَّحْمٰنِ الرَّح۪يمِ

لِاِيلَافِ قُرَيْشٍۙ ﴿١﴾ اِيلَافِهِمْ رِحْلَةَ الشِّتَٓاءِ
وَالصَّيْفِۚ ﴿٢﴾ فَلْيَعْبُدُوا رَبَّ هٰذَا الْبَيْتِۙ ﴿٣﴾
اَلَّـذ۪ٓي اَطْعَمَهُمْ مِنْ جُوعٍ وَاٰمَنَهُمْ مِنْ خَوْفٍ ﴿٤﴾

سُورَةُ الْمَاعُونِ | MAUN SÛRESİ 7 Âyet

بِسْمِ اللّٰهِ الرَّحْمٰنِ الرَّح۪يمِ

اَرَاَيْتَ الَّذ۪ي يُكَذِّبُ بِالدّ۪ينِۜ ﴿١﴾ فَذٰلِكَ الَّذ۪ي يَدُعُّ
الْيَت۪يمَۙ ﴿٢﴾ وَلَا يَحُضُّ عَلٰى طَعَامِ الْمِسْك۪ينِۜ ﴿٣﴾
فَوَيْلٌ لِلْمُصَلّ۪ينَۙ ﴿٤﴾ اَلَّذ۪ينَ هُمْ عَنْ صَلَاتِهِمْ سَاهُونَۙ
﴿٥﴾ اَلَّذ۪ينَ هُمْ يُرَٓاؤُ۫نَۙ ﴿٦﴾ وَيَمْنَعُونَ الْمَاعُونَ ﴿٧﴾

KUREYŞ SÛRESİ

Mekke'de inmiştir, 4 âyettir.

Bismillâhi'r-rahmâni'r-rahîm

Li-îlâfi-kurayş (1) Îlâfihim rıhlete'ş-şitâ'i ve's-sayf (2) Fe'l-ya'büdû rabbe hâze'l-beyt (3) Ellezî at'amehüm-min cû'iv-ve âmenehüm-min havf (4)

Rahmân ve Rahîm olan Allah'ın adıyla.

1- Kureyş, alıştırıldığından, ısındırıldığından dolayı, 2- Onların, yaz ve kış yolculuğuna alıştırıldığından dolayı, 3- Hiç olmazsa onun için, bu evin -Ka'be'nin- Rabbine kulluk etsinler. 4- Ki onları, açlıktan doyurdu ve onları korkudan emin kıldı.

MÂUN SÛRESİ

Mekke'de inmiştir, 7 âyettir.

Bismillâhi'r-rahmâni'r-rahîm

E-ra'eyte'l-lezî yükezzibü bi'd-dîn (1) Fe-zâlike'l-lezî yedü'u'l-yetîm (2) Ve lâ yehuddu 'alâ ta'âmi'l-miskîn (3) Fe-veylü'l-lil müsallîn (4) Ellezîne hüm 'an salâtihim sâhûn (5) Ellezîne hüm yürâ'ûn (6) Ve yemne'ûne'l-mâ'ûn (7)

Rahmân ve Rahîm olan Allah'ın adıyla.

1- O dini -cezâyı- yalanlayanı gördün mü? 2- İşte yetimi iten odur. 3- Yoksulu doyurmak için kayırmaz. 4- Fakat, o namaz kılanların vay hâline! 5- Onlar, namazlarında yanılmaktadırlar. 6- Onlar, gösteriş yaparlar. 7- Ve en ufak yardıma –zekâta– dahi mâni olurlar.

سُورَةُ الْكَوْثَرِ | KEVSER SÛRESİ 3 Âyet

بِسْمِ اللّٰهِ الرَّحْمٰنِ الرَّح۪يمِ

اِنَّٓا اَعْطَيْنَاكَ الْكَوْثَرَۜ ﴿١﴾ فَصَلِّ لِرَبِّكَ
وَانْحَرْۜ ﴿٢﴾ اِنَّ شَانِئَكَ هُوَ الْاَبْتَرُ ﴿٣﴾

سُورَةُ الْكَافِرُونَ | KÂFİRÛN SÛRESİ 6 Âyet

بِسْمِ اللّٰهِ الرَّحْمٰنِ الرَّح۪يمِ

قُلْ يَٓا اَيُّهَا الْكَافِرُونَۙ ﴿١﴾ لَٓا اَعْبُدُ مَا تَعْبُدُونَۙ ﴿٢﴾
وَلَٓا اَنْتُمْ عَابِدُونَ مَٓا اَعْبُدُۚ ﴿٣﴾ وَلَٓا اَنَا
عَابِدٌ مَا عَبَدْتُمْۙ ﴿٤﴾ وَلَٓا اَنْتُمْ عَابِدُونَ
مَٓا اَعْبُدُۜ ﴿٥﴾ لَكُمْ د۪ينُكُمْ وَلِيَ د۪ينِ ﴿٦﴾

KEVSER SÛRESİ

Mekke'de inmiştir, 3 âyettir.

Bismillâhi'r-rahmâni'r-rahîm

İnnâ a'taynâke'l-kevser (1) Fe-salli li-rabbike ve-nhar (2) İnne şâni'eke hüve'l-ebter (3)

Rahmân ve Rahîm olan Allah'ın adıyla

1- Gerçekten, sana Kevser'i biz verdik. 2- O halde, sen de Rabbin için namaz kıl ve kurban kes. 3- Doğrusu nesli kesik olan, sana kin tutandır.

KÂFİRÛN SÛRESİ

Mekke'de inmiştir, 6 âyettir.

Bismillâhi'r-rahmâni'r-rahîm

Kul yâ eyyühe'l-kâfirûn (1) Lâ a'büdü mâ ta'büdûn (2) Ve lâ entüm 'âbidûne mâ a'büd (3) Ve lâ ene 'âbidü'm-ma 'abettüm (4) Ve lâ entüm 'âbidûne mâ a'büd (5) Leküm dînüküm ve liye dîn (6)

Rahmân ve Rahîm olan Allah'ın adıyla

1- De ki: "Ey kâfirler! 2- "Tapmam ben, o taptıklarınıza."
3- "Siz de, benim ibadet ettiğime tapanlardan değilsiniz."
4- "Hem ben, sizin taptıklarınıza –ileride- tapacak da değilim." 5- "Siz de, benim ibadet ettiğime tapıcılardan değilsiniz." 6- "Sizin dininiz size, benim dinim de banadır."

سُورَةُ النَّصْرِ | NASR SÛRESİ 3 Âyet

بِسْمِ اللّٰهِ الرَّحْمٰنِ الرَّحِيمِ

اِذَا جَٓاءَ نَصْرُ اللّٰهِ وَالْفَتْحُۙ ﴿١﴾ وَرَاَيْتَ النَّاسَ
يَدْخُلُونَ ف۪ي د۪ينِ اللّٰهِ اَفْوَاجاًۙ ﴿٢﴾ فَسَبِّحْ
بِحَمْدِ رَبِّكَ وَاسْتَغْفِرْهُۜ اِنَّهُ كَانَ تَوَّاباً ﴿٣﴾

سُورَةُ تَبَّتْ | TEBBET SÛRESİ 5 Âyet

بِسْمِ اللّٰهِ الرَّحْمٰنِ الرَّحِيمِ

تَبَّتْ يَدَٓا اَب۪ي لَهَبٍ وَتَبَّۜ ﴿١﴾ مَٓا اَغْنٰى
عَنْهُ مَالُهُ وَمَا كَسَبَۜ ﴿٢﴾ سَيَصْلٰى
نَاراً ذَاتَ لَهَبٍۚ ﴿٣﴾ وَامْرَاَتُهُۜ حَمَّالَةَ
الْحَطَبِۚ ﴿٤﴾ ف۪ي ج۪يدِهَا حَبْلٌ مِنْ مَسَدٍ ﴿٥﴾

NASR SÛRESİ

Medine'de inmiştir, 3 âyettir.

Bismillâhi'r-rahmâni'r-rahîm

İzâ câ'e nasrullahi ve'l-feth (1) Ve ra'eyte'n-nâse yedhulûne fî dînillahi efvâcâ (2) Fe-sebbih bi-hamdi rabbike ve-stağfirh. İnnehû kâne tevvâbâ (3)

Rahmân ve Rahîm olan Allah'ın adıyla

1- Allah'ın yardımı ve fetih geldiği zaman, 2- İnsanları, Allah'ın dinine bölük bölük girerlerken gördüğün zaman, 3- Artık Rabbini hamd ile tesbih et ve bağışlanma dile; muhakkak ki O, tövbeleri çok kabul edendir.

TEBBET SÛRESİ

Mekke'de inmiştir, 5 âyettir.

Bismillâhi'r-rahmâni'r-rahîm

Tebbet yedâ ebî lehebi'v-ve tebb (1) Mâ ağnâ 'anhü mâlühû ve mâ keseb (2) Se-yaslâ nâran zâte leheb (3) Ve-mra'etühû hammâlete'l-hatab (4) Fî cîdihâ hablü'm-mim-mesed (5)

Rahmân ve Rahîm olan Allah'ın adıyla

1- Yuh oldu, Ebû Leheb'in iki eline, yuh oldu kendine! 2- Ona, ne malı fayda verdi, ne de kazandığı. 3- O, alevli bir ateşe yaslanacak. 4- Karısı da, odun hamalı olarak. 5- Boynunda, bükülmüş bir ip olduğu halde.

سُورَةُ الْاِخْلَاصِ | İHLÂS SÛRESİ 4 Âyet

بِسْمِ اللّٰهِ الرَّحْمٰنِ الرَّحِيمِ

قُلْ هُوَ اللّٰهُ اَحَدٌ ۚ ﴿١﴾ اَللّٰهُ الصَّمَدُ ۚ ﴿٢﴾ لَمْ يَلِدْ
وَلَمْ يُولَدْ ۙ ﴿٣﴾ وَلَمْ يَكُنْ لَهُ كُفُوًا اَحَدٌ ﴿٤﴾

سُورَةُ الْفَلَقِ | FELAK SÛRESİ 5 Âyet

بِسْمِ اللّٰهِ الرَّحْمٰنِ الرَّحِيمِ

قُلْ اَعُوذُ بِرَبِّ الْفَلَقِ ۙ ﴿١﴾ مِنْ شَرِّ مَا خَلَقَ ۙ ﴿٢﴾
وَمِنْ شَرِّ غَاسِقٍ اِذَا وَقَبَ ۙ ﴿٣﴾ وَمِنْ شَرِّ النَّفَّاثَاتِ
فِي الْعُقَدِ ۙ ﴿٤﴾ وَمِنْ شَرِّ حَاسِدٍ اِذَا حَسَدَ ﴿٥﴾

سُورَةُ النَّاسِ | NÂS SÛRESİ 6 Âyet

بِسْمِ اللّٰهِ الرَّحْمٰنِ الرَّحِيمِ

قُلْ اَعُوذُ بِرَبِّ النَّاسِ ۙ ﴿١﴾ مَلِكِ النَّاسِ ۙ ﴿٢﴾ اِلٰهِ النَّاسِ ۙ
﴿٣﴾ مِنْ شَرِّ الْوَسْوَاسِ الْخَنَّاسِ ۙ ﴿٤﴾ اَلَّذٖى يُوَسْوِسُ
فِي صُدُورِ النَّاسِ ۙ ﴿٥﴾ مِنَ الْجِنَّةِ وَالنَّاسِ ﴿٦﴾

İHLAS SÛRESİ

Mekke'de inmiştir, 4 âyettir.

Bismillâhi'r-rahmâni'r-rahîm

Kul hüvellâhü ehad (1) Allahü's-samed (2) Lem yelid ve lem yûled (3) Ve lem yekü'l-lehû küfüven ehad (4)

Rahmân ve Rahîm olan Allah'ın adıyla

1- De ki: "O Allah, birdir." 2- "Allah, eksiksiz bir Samed'dir -Hiçbir şeye ihtiyacı yoktur; her şey O'na muhtaçtır-." 3- "Doğurmadı ve doğurulmadı." 4- "O'na bir denk de olmadı."

FELAK SÛRESİ

Medine'de inmiştir, 5 âyettir.

Bismillâhi'r-rahmâni'r-rahîm

Kul e'ûzü bi-rabbi'l-felak (1) Min şerri mâ halak (2) Ve min şerri ğâsikın izâ vekab (3) Ve min şerri'n-neffâsâti fi'l-'ukad (4) Ve min şerri hâsidin izâ hased (5)

Rahmân ve Rahîm olan Allah'ın adıyla

1- De ki: "O sabahın Rabbine sığınırım." 2- "Yarattığı şeylerin şerrinden." 3- "Karanlığı çöküp ortalığı bastığı zaman, bir gecenin şerrinden." 4- "Düğümlere üfleyen üfürükçülerin şerrinden." 5- "Haset ettiği zaman, hasetçinin şerrinden."

NAS SÛRESİ

Medine'de inmiştir, 6 âyettir.

Bismillâhi'r-rahmâni'r-rahîm

Kul e'ûzü bi-rabbi'n-nâs (1) Meliki'n-nâs (2) İlâhi'n-nâs (3) Min şerri'l-vesvâsi'l-hannâs (4) Ellezî yüvesvisü fî sudûri'n-nâs (5) Mine'l-cinneti ve'n-nâs (6)

Rahmân ve Rahîm olan Allah'ın adıyla

1- De ki: "İnsanların Rabbine sığınırım." 2- "İnsanların hükümdarına," 3- "İnsanların ilahına." 4- "O sinsice vesvese verenin şerrinden." 5- "Ki, insanların kalplerine vesvese verir." 6- "Gerek cinlerden, gerekse insanlardan..."

SÜBHANEKE DUASI

سُبْحَانَكَ اللّٰهُمَّ وَبِحَمْدِكَ ۞ وَتَبَارَكَ اسْمُكَ ۞

وَتَعَالٰى جَدُّكَ ۞ (وَجَلَّ ثَـنَاؤُكَ) وَلَٓا اِلٰهَ غَيْرُكَ ۞

ETTAHİYYÂTÜ

اَلتَّحِيَّاتُ لِلّٰهِ وَالصَّلَوَاتُ وَالطَّيِّبَاتُ

۞ اَلسَّلَامُ عَلَيْكَ اَيُّهَاالنَّبِيُّ وَرَحْمَةُ اللّٰهِ

وَبَرَكَاتُهُ ۞ اَلسَّلَامُ عَلَيْنَا وَعَلٰى عِبَادِ

اللّٰهِ الصَّالِحِينَ ۞ اَشْهَدُ اَنْ لَا اِلٰهَ اِلَّا اللّٰهُ

۞ وَاَشْهَدُ اَنَّ مُحَمَّدًا عَبْدُهُ وَرَسُولُهُ ۞

SÜBHANEKE DUASI OKUNUŞU VE MEALİ

"Sübhânekellahümme ve bi-hamdik, ve tebâreke-smük ve te'âlâ ceddük ve celle senâük *(cenaze namazında okunur)*, ve lâ ilâhe ğayruk."

Ey Allahım! Seni noksan sıfatlardan tenzih ederim. Sana hamd olsun. Senin ismin mübârektir. Büyüklüğün ve celâlin çok yüksektir. Senden başka ilâh yoktur.

ETTAHİYYÂTÜ OKUNUŞU VE MEALİ

Ettehiyyâtü lillâhi ve's-salavâtü ve't-tayyibât. Es-selâmü 'aleyke eyyühe'n-nebiyyü ve rahmetullâhi ve berekâtuh. Esselâmü 'aleynâ ve 'alâ 'ibâdillâhi's-sâlihîn. Eşhedü el lâ ilâhe illallâh, ve eşhedü enne Muhammeden 'abdühû ve rasûlüh.

Bütün duâlar, senâlar, bedenî ve malî ibâdetler Allah içindir. Rahmet ve bereket ile selâm senin üzerine olsun. Ey Nebi! Selâm ve selâmet bize ve Allah'ın sâlih kulları üzerine olsun. Ben şehâdet ederim ki Allah'tan başka ibâdet edilecek yoktur, yine şehâdet ederim ki Muhammed sallallâhu aleyhi ve sellem, Allah'ın kulu ve Resûlü'dür.

ALLAHÜMME SALLİ / BARİK

اَللّٰهُمَّ صَلِّ عَلٰى مُحَمَّدٍ وَ عَلٰى اٰلِ مُحَمَّدٍ كَمَا صَلَّيْتَ عَلٰى اِبْرٰهِيمَ وَ عَلٰى اٰلِ اِبْرٰهِيمَ اِنَّكَ حَمِيدٌ مَجِيدٌ ۝

اَللّٰهُمَّ بَارِكْ عَلٰى مُحَمَّدٍ وَ عَلٰى اٰلِ مُحَمَّدٍ كَمَا بَارَكْتَ عَلٰى اِبْرٰهِيمَ وَ عَلٰى اٰلِ اِبْرٰهِيمَ اِنَّكَ حَمِيدٌ مَجِيدٌ ۝

RABBENA / RABBENAĞFİRLİ

رَبَّنَٓا اٰتِنَا فِى الدُّنْيَا حَسَنَةً وَ فِى الْاٰخِرَةِ حَسَنَةً وَقِنَا عَذَابَ النَّارِ ۝ رَبَّنَا اغْفِرْ لِى وَلِوَالِدَىَّ وَلِلْمُؤْمِنِينَ يَوْمَ يَقُومُ الْحِسَابُ بِرَحْمَتِكَ يَا اَرْحَمَ الرَّاحِمِينَ

ALLAHÜMME SALLİ / BARİK

*** Allâhümme salli 'alâ Muhammedi'v-ve 'alâ âli Muhammed, kemâ salleyte 'alâ İbrâhîme ve 'alâ âli İbrâhîm. İnneke hamîdu'm-mecîd.**

*** Allâhümme bârik 'alâ Muhammedi'v-ve 'alâ âli Muhammed, kemâ bârekte 'alâ İbrâhîme ve 'alâ âli İbrâhîm. İnneke hamîdu'm-mecîd.**

* Allahım! Muhammed (sallallâhu aleyhi ve sellem)'e ve O'nun âline rahmet eyle, İbrâhim (aleyhisselâm)'a ve O'nun âline rahmet eylediğin gibi. Muhakkak ki sen Hamîd ve Mecîd'sin.

* Allahım! Muhammed (sallallâhu aleyhi ve sellem)'i ve O'nun âlini mübârek kıl. Nitekim İbrâhim (aleyhisselâm) ve âlini mübârek kıldığın gibi. Muhakkak ki Sen Hamîd'sin Mecîd'sin.

RABBENA / RABBENAĞFİRLİ

Rabbenâ âtinâ fi'd-dünyâ hasenete'v-ve fi'l-âhirati hasenetev, ve kınâ 'azâbe'n-nâr. ۝ Rabbenağfir lî ve livâlideyye ve li'l-mu'minîne yevme yekûmu'l-hisâb. Birahmetike yâ erhame'r-râhimin.

Rabbimiz! Dünyada ve âhirette bizlere iyilik ver ve bizi cehennem azâbından koru. ۝ Ey Rabbimiz, beni ve anne babamı ve mü'minleri hesabın (hesaba çekilmenin) kaim olacağı o günde bağışla.

ALLAHÜMME İNNA NES'TEÎNÜKE

اَللّٰهُمَّ اِنَّا نَسْتَعِينُكَ وَ نَسْتَغْفِرُكَ وَ نَسْتَهْدِيكَ

وَ نُؤْمِنُ بِكَ وَ نَتُوبُ اِلَيْكَ ۝ وَ نَتَوَكَّلُ

عَلَيْكَ وَ نُثْنِى عَلَيْكَ الْخَيْرَ كُلَّهُ نَشْكُرُكَ وَلَا

نَكْفُرُكَ ۝ وَ نَخْلَعُ وَ نَتْرُكُ مَنْ يَفْجُرُكَ ۝

ALLAHÜMME İYYAKE NA'BÜDÜ

اَللّٰهُمَّ اِيَّاكَ نَعْبُدُ وَلَكَ نُصَلِّى وَ نَسْجُدُ ۝

وَ اِلَيْكَ نَسْعٰى وَ نَحْفِدُ ۝ نَرْجُو رَحْمَتَكَ

وَ نَخْشٰى عَذَابَكَ ۝ اِنَّ عَذَابَكَ بِالْكُفَّارِ مُلْحِقٌ ۝

ALLAHÜMME İNNA NES'TEÎNÜKE

Allâhümme innâ neste'înüke ve nestağfirüke ve nestehdîke ve nü'minu bike ve netûbü ileyke ve netevekkelü 'aleyke, ve nüsnî 'aleyke'l-hayra küllehû neşkuruke ve lâ nekfuruk, ve nahle'u ve netrukü me'y-yefcuruk.

Ey Allahım! Biz muhakkak ki senden yardım ister ve senden mağfiret diler, senden hidâyet isteriz. Seni tasdik eder, sana tevbe eder, sana tevekkül ederiz. Ve seni bütün hayır ile senâda, zikirde bulunur, nimetlerini itiraf ederek sana şükrederiz. Seni inkâr etmeyiz. Sana isyan edenleri perişan ederiz, onları terk ederiz.

ALLAHÜMME İYYAKE NA'BÜDÜ

Allâhümme iyyâke na'büdü ve leke nüsallî ve nescüd, ve ileyke nes'â ve nehfid, nercû rahmeteke ve nahşâ 'azâbek, inne 'azâbeke bi'l-küffâri mülhık.

Ey Allahım! Biz ancak sana ibâdet eder ve senin için namaz kılar ve ancak sana secde ederiz. Sana mânen yaklaşmak için çalışırız. İbâdetlerini sevinçle yapar, rahmetini ümit eder, azâbından da korkarız. Muhakkak ki azâbın kâfirlere yapışıcıdır.

KENZ'ÜL ARŞ DUÂSI

بِسْمِ اللّٰهِ الرَّحْمٰنِ الرَّحِيمِ

لَا اِلٰهَ اِلَّا اللّٰهُ الْمَلِكُ الْحَقُّ الْمُبِينُ ۝ لَا اِلٰهَ اِلَّا اللّٰهُ الْحَكَمُ
الْعَدْلُ الْمَتِينُ ۝ رَبُّنَا وَرَبُّ اٰبَائِنَا الْاَوَّلِينَ ۝ لَا اِلٰهَ
اِلَّا اَنْتَ سُبْحَانَكَ اِنّى كُنْتُ مِنَ الظَّالِمِينَ ۝ لَا اِلٰهَ
اِلَّا اللّٰهُ وَحْدَهُ لَا شَرِيكَ لَهُ لَهُ الْمُلْكُ وَلَهُ الْحَمْدُ يُحْيى
وَيُمِيتُ وَهُوَ حَىٌّ لَا يَمُوتُ اَبَدًا بِيَدِهِ الْخَيْرُ وَاِلَيْهِ
الْمَصِيرُ وَهُوَ عَلَى كُلِّ شَيْءٍ قَدِيرٌ ۝ وَبِهِ نَسْتَعِينُ
وَلَا حَوْلَ وَلَا قُوَّةَ اِلَّا بِاللّٰهِ الْعَلِيِّ الْعَظِيمِ ۝ لَا اِلٰهَ اِلَّا
اللّٰهُ شُكْرًا لِنِعْمَتِهِ ۝ لَا اِلٰهَ اِلَّا اللّٰهُ اِقْرَارًا بِرُبُوبِيَّتِهِ ۝
وَسُبْحَانَ اللّٰهِ تَنْزِيهًا لِعَظَمَتِهِ ۝ أَسْئَلُكَ اَللّٰهُمَّ بِحَقِّ
اِسْمِكَ الْمَكْتُوبِ عَلَى جَنَاحِ جِبْرِيلَ عَلَيْكَ يَا رَبِّ ۝

Bişmillâhi'r-rahmâni'r-rahîm

Lâ ilâhe illallâhu'l-melikü'l-hakku'l-mübîn. Lâ ilâhe illallâhu'l-hakemü'l-'adlü'l-metîn. Rabbünâ ve rabbü âbâine'l-evvelîn. Lâ ilâhe illâ ente subhâneke innî küntü mine'z-zâlimîn. La ilâhe illallâhu vahdehû lâ şerîke leh, lehü'l-mülkü ve lehü'l-hamdü yuhyî ve yumît, ve hüve hayyü'l-lâ yemûtu ebede'n-biyedihi'l-hayr, ve ileyhi'l-masîr, ve hüve 'alâ külli şey'in kadîr, ve bihî neste'înü ve lâ havle ve lâ kuvvete illâ billâhi'l-'aliyyi'l-'azîm. Lâ ilâhe illallâhu şükra'l-li-n'îmetih, lâ ilâhe illallâhu ikrâra'n-bi rübûbiyyetih, ve sübnânallâhi tenzîhe'l-li-'azametih. Es'elüke-llâhümme bi-hakkı-smike'l-mektûbi 'alâ cenâhı Cibrîle 'aleyke yâ Rabbi.

Rahmân ve Rahîm olan Allah'ın adıyla

Melik, Hakk, Mübîn Olan Allah'tan başka ilah yoktur. Hakem, Âdil ve Metin Olan Allah'tan başka ilah yoktur. Bizim ve eski atalarımızın Rabbidir. Senden başka İlah yoktur. Seni tenzih ederiz. Şüphesiz ki ben zalimlerden oldum. Allah'tan başka ilah yoktur. Onun ortağı yoktur. Yönetim onundur. Hamd O'nun içindir. Diriltir ve öldürür. O diridir ve ebediyen ölmez. Hayır O'nun kontrolündedir, dönüş O'nadır. Ve O her şeye gücü yetendir. Ve O'nunla yardım isteriz. İyilik yapmaya, kötülükten kaçmaya güç kuvvet sadece yüce ve her şeyi bilen Allah'tandır. Nimetlere şükür olarak, O'ndan başka ilah yoktur. Rabblığının ikrarı olarak, O'ndan başka ilah yoktur. Yüceliğini arındırmak için, Allah noksanlıklardan arınıktır. Ey Allahım! Yâ Rabbi! "Cebrâil (a.s.)'in kanadında yazılı ismin hürmetine,

وَبِحَقِّ اِسْمِكَ الْمَكْتُوبِ عَلٰى جَنَاحِ مِيكَائِيلَ عَلَيْكَ يَا رَبِّ ۝ وَبِحَقِّ اسْمِكَ الْمَكْتُوبِ عَلٰى جَبْهَةِ اِسْرَافِيلَ عَلَيْكَ يَا رَبِّ ۝ وَبِحَقِّ اسْمِكَ الْمَكْتُوبِ عَلٰى فَكِّ عَزْرَائِيلَ عَلَيْكَ يَا رَبِّ ۝ وَبِحَقِّ اسْمِكَ الَّذٖى سَمَّيْتَ بِهٖ مُنْكَرًا وَ نَكِيرًا عَلَيْكَ يَا رَبِّ ۝ وَبِحَقِّ اسْمِكَ وَاَسْرَارِ عِبَادِكَ عَلَيْكَ يَا رَبِّ ۝ وَبِحَقِّ اسْمِكَ الَّذٖى تَمَّ بِهِ الْاِسْلَامُ عَلَيْكَ يَا رَبِّ وَبِحَقِّ اسْمِكَ الَّذٖى تَلَقَّاهُ اٰدَمُ لَمَّا هَبَطَ مِنَ الْجَنَّةِ فَنَادَاكَ فَلَبَّيْتَ دُعَاهُ عَلَيْكَ يَا رَبِّ ۝ وَبِحَقِّ اسْمِكَ نَادَاكَ بِهٖ شِيثُ عَلَيْكَ يَا رَبِّ ۝ وَبِحَقِّ اسْمِكَ الَّذٖى قَوَّيْتَ بِهٖ حَمَلَةَ الْعَرْشِ عَلَيْكَ يَا رَبِّ ۝ وَبِحَقِّ اسْمِكَ الْمَكْتُوبِ فِى التَّوْرَاةِ وَالْاِنْجِيلِ وَالزَّبُورِ وَالْفُرْقَانِ عَلَيْكَ يَا رَبِّ ۝ وَبِحَقِّ اسْمِكَ اِلٰى مُنْتَهٰى رَحْمَتِكَ عَلٰى عِبَادِكَ عَلَيْكَ يَا رَبِّ ۝

Ve-bi hakkı-smike'l-mektûbi 'alâ cenâhı Mîkâ'île 'aleyke yâ Rabbi. Ve bi-hakkı-smike'l-mektûbi 'alâ cebheti İsrâfîle 'aleyke yâ Rabbi. Ve hakkı-smike'l-mektûbi 'alâ fekki Azrâ'île 'aleyke yâ Rabbi. Ve-bi hakkı-smike'l-lezî semmeyte bihi münkeran ve nekîran 'aleyke yâ Rabbi. Ve-bi hakkı-smike ve esrâri 'ibâdike 'aleyke yâ Rabbi. Ve-bi hakkı-smike'l-lezî temme bihi'l-İslâmü 'aleyke yâ Rabbi. Ve-bi hakkı-smike'l-lezî telekkâhu Âdemü lemmâ hebeta mine'l-cenneti fe-nâdâke fe-lebbeyte dü'â'ehû 'aleyke yâ Rabbi. Ve-bi hakkı-smike nâdâke bihî Şîtü 'aleyke yâ Rabbi. Ve bi-hakkı-smike'l-lezî kavveyte bihî hamelete'l-'arşi 'aleyke yâ Rabbi. Ve bi-hakkı-smike'l-mektûbi fi't-Tevrâti ve'l-İncîli ve'z-Zebûri ve'l-Furkâni 'aleyke yâ Rabbi. Ve bi-hakkı-smike ilâ müntehâ rahmetike 'alâ 'ibâdike 'aleyke yâ Rabbi.

Mikail (a.s.)'in kanadı üzerinde yazılı ismin hürmetine, İsrâfil (a.s.)'in alnında yazılı ismin hürmetine, Azrâil (a.s.)'in avucunda yazılı ismin hürmetine, ve senin verdiğin Münker ve Nekir ismi hürmetine, ve kullarının sendeki sırları hürmetine, İslâm'ı tamamladığın İsm-i şerifin hürmetine, Ve Âdem (a.s.)'in senden öğrenip cennetten indirildiği zaman kendisiyle sana seslendiği ve senin de kabul ettiğin ismin hürmetine, Şît (a.s.)'in sana seslendiği ismin hürmetine, arşı taşıyan melekleri kendisiyle güçlendirdiğin ismin hürmetine, Tevrât'ta, İncîl'de, Zebûr'da ve Furkân'da yazılı ismin hürmetine, kullarına rahmetini sonsuza kadar ulaştırdığın ismin hürmetine, sözlerin tamamı hürmetine,

وَبِحَقِّ تَمَامِ كَلَامِكَ عَلَيْكَ يَا رَبِّ وَبِحَقِّ اسْمِكَ
الَّذٖى نَادَاكَ بِهٖ اِبْرٰاهٖيمُ فَجَعَلْتَ النَّارَ عَلَيْهِ بَرْدًا
وَسَلَامًا عَلَيْكَ يَا رَبِّ وَبِحَقِّ اسْمِكَ الَّذٖى نَادَاكَ
بِهٖ اِسْمٰعٖيلُ فَنَجَّيْتَهُ مِنَ الذَّبْحِ عَلَيْكَ يَا رَبِّ وَبِحَقِّ
اسْمِكَ الَّذٖى نَادَاكَ بِهٖ اِسْحَاقُ فَقَضَيْتَ حَاجَتَهُ عَلَيْكَ
يَا رَبِّ وَبِحَقِّ اسْمِكَ الَّذٖى نَادَاكَ بِهٖ هُودٌ عَلَيْكَ يَا
رَبِّ وَبِحَقِّ اسْمِكَ الَّذٖى دَعَاكَ بِهٖ يَعْقُوبُ فَرَدَدْتَ
عَلَيْهِ بَصَرَهُ وَوَلَدَهُ يُوسُفَ عَلَيْكَ يَا رَبِّ وَبِحَقِّ
اسْمِكَ الَّذٖى نَادَاكَ دَاوُدُ فَجَعَلْتَهُ خَلٖيفَةً فِى الْاَرْضِ
وَاَلَنْتَ لَهُ الْحَدٖيدَ فٖى يَدِهٖ عَلَيْكَ يَا رَبِّ وَبِحَقِّ
اسْمِكَ الَّذٖى دَعَاكَ بِهٖ سُلَيْمَانُ فَاَعْطَيْتَهُ الْمُلْكَ فِى
الْاَرْضِ عَلَيْكَ يَا رَبِّ وَبِحَقِّ اسْمِكَ الَّذٖى نَادَاكَ بِهٖ
أَيُّوبُ فَنَجَّيْتَهُ مِنَ الْغَمِّ الَّذٖى كَانَ فٖيهِ عَلَيْكَ يَا رَبِّ

Ve bihakkı temâmi kelâmike aleyke yâ Rabbi. Ve-bi hakkısmike'l-lezî nâdâke bihe İbrâhîmü fece'alte'n-nâra 'aleyhi berde'v-ve selâmen 'aleyke yâ Rabbi. Ve bi-hakkı-smike'l-lezî nâdâke bihî İsmâ'îlü fe-necceytehû mine'z-zebhi 'aleyke yâ Rabbi. Ve bi-hakkı-smike'l-lezî nâdâke bihî İshâku fe-kadayte hâcetehû 'aleyke yâ Rabbi. Ve bi-hakkı-smike'l-lezî nâdâke bihî Hûdün 'aleyke yâ Rabbi. Ve bi-hakkı-smike'l-lezî de'âke bihî Yâ'kûbu fe-radedte 'aleyhi basarahû ve veledehû Yûsufe 'aleyke yâ Rabbi. Ve bi-hakkı-smike'l-lezî nâdâke bihî Dâvûdu fe-ce'altehu halîfeten fi'l-erdi ve elente lehü'l-hadîde fî yedihî 'aleyke yâ Rabbi. Ve bi-hakkı-smike'l-lezî de'âke bihî Süleymânu fe-a'teytehû'l-mülke fi'l-erdi 'aleyke yâ Rabbi. Ve bi-hakkı-smike'l-lezî nâdâke bihî Eyyûbu fe-necceytehû mine'l-ğammi'l-lezî kâne fîhi 'aleyke yâ Rabbi.

İbrâhim (a.s.) ateşe atıldığında hangi isminle Sana seslendi de ateş soğuk ve selamet olduysa işte O ismin hürmetine, İsmâil (a.s.) kesilirken hangi isminle seslendi de onu kesilmekten kurtardıysan işte O ismin hürmetine, İshâk (a.s.) hangi isminle Sana yalvardı da Sen onun ihtiyaçlarını karşıladıysan işte O ismin hürmetine, Hûd (a.s.) hangi isminle sana seslendiyse işte O ismin hürmetine, Ya'kûb (a.s.) sana hangi isminle dua etti de sen onun gözlerini ve çocuklarını ona geri verdiysen işte O ismin hürmetine, Dâvût (a.s.) hangi isminle sana seslendi de sen onu yeryüzüne halife yaptıysan ve demiri onun elinde yumuşattıysan işte O ismin hürmetine, Süleymân (a.s.) hangi isminle Sana dua etti de sen onu yeryüzüne kral yaptıysan işte O ismin hürmetine, Eyyûb (a.s.) hangi isminle sana seslendi de Sen onu içinde bulunduğu sıkıntılardan kurtardıysan işte O ismin hürmetine,

وَبِحَقِّ اسْمِكَ الَّذِى نَادَاكَ بِهِ عِيسَى ابْنُ مَرْيَمَ
فَاَحْيَيْتَهُ لَهُ الْمَوْتَى عَلَيْكَ يَا رَبِّ ۝ وَبِحَقِّ اسْمِكَ
الَّذِى نَادَاكَ بِهِ مُوسَى لَمَّا خَاطَبَكَ عَلَى الطُّورِ
عَلَيْكَ يَا رَبِّ ۝ وَبِحَقِّ اسْمِكَ الَّذِى نَادَتْكَ بِهِ آسِيَةُ
اِمْرَأَةُ فِرْعَوْنَ فَرَزَقْتَهَا الْجَنَّةَ عَلَيْكَ يَا رَبِّ ۝ وَبِحَقِّ
اسْمِكَ الَّذِى نَادَاكَ بِهِ بَنُو اِسْرَائِيلَ لَمَّا جَاوَزُوا
الْبَحْرَ عَلَيْكَ يَا رَبِّ ۝ وَبِحَقِّ اسْمِكَ الَّذِى نَادَاكَ
بِهِ الْخِضْرُ لَمَّا مَشَى عَلَى الْمَاءِ عَلَيْكَ يَا رَبِّ ۝
وَبِحَقِّ اسْمِكَ الَّذِى نَادَاكَ بِهِ مُحَمَّدٌ صَلَّى اللّٰهُ عَلَيْهِ
وَسَلَّمَ يَوْمَ الْغَارِ فَنَجَّيْتَهُ عَلَيْكَ يَا رَبِّ ۝ اِنَّكَ
اَنْتَ الْكَرِيمُ الْكَبِيرُ ۝ حَسْبُنَا اللّٰهُ وَنِعْمَ الْوَكِيلُ
۝ وَلَا حَوْلَ وَلَا قُوَّةَ اِلَّا بِاللّٰهِ الْعَلِيِّ الْعَظِيمِ وَصَلَّى
اللّٰهُ عَلَى سَيِّدِنَا مُحَمَّدٍ وَعَلَى اٰلِهِ وَصَحْبِهِ وَسَلَّمَ ۝

Ve bi-hakkı-smike'l-lezî nâdâke bihî 'Îsâ-bnu-Meryeme fe-ahyeytehû lehü'l-mevtâ 'aleyke yâ Rabbi. Ve bi-hakkı-smike'l-lezî nâdâke bihî Mûsâ lemmâ hâtabike 'ala't-Tûri 'aleyke yâ Rabbi. Ve bi-hakkı-smike'l-lezî nâdetke bihi Âsiyetü-mra'etü Fir'avne fe-razekatehe'l-cennete 'aleyke yâ Rabbi. Ve bi-hakkı-smike'l-lezî nâdâke bihi Benû-İsra'île lemmâ câvezû'l-bahra 'aleyke yâ Rabbi. Ve bi-hakkı-smike'l-lezî nâdâke bihi'l-hidru lemmâ meşâ 'ale'l-mâ'i 'aleyke yâ Rabbi. Ve bi-hakkı-smike'l-lezî nâdâke bihi Muhammedün sallallâhu 'aleyhi ve selleme yevme'l-gâri fe-necceytehû 'aleyke yâ Rabbi. İnneke ente'l-kerîmü'l-kebîr. Hasbünallâhu ve ni'me'l-vekîl. Ve lâ havle ve lâ kuvvete illâ billâhi'l-'aliyyi'l-'azîm. Ve sallalâhu 'alâ seyyidinâ Muhammedi'v-ve 'alâ âlihî ve sahbihî ve sellem.

Meryem oğlu Îsâ (a.s.) hangi isminle Sana seslenip de onunla ölüyü dirilttiysen işte O ismin hürmetine, Mûsâ (a.s.) hangi isminle Sana seslendi de sen ona Tûr'da hitap ettiysen işte O ismin hürmetine Fir'avun'un karısı Âsiye sana hangi isminle seslendi de Sen onu cennette rızıklandırdıysan işte O ismin hürmetine, israîloğulları Sana hangi isminle seslendiler de denizi geçirdiysen işte O ismin hürmetine, Hızır (a.s.) hangi isminle seslendi de onu suda yürüttüysen işte O ismin hürmetine, Muhammed (s.a.v.) Sana mağarada hangi isminle seslendi de sen onu kurtardıysan işte O ismin hürmetine Senden istiyorum. Hiç şüphesiz Sen Cömertsin, Büyüksün. Bize Allah (c.c.) yeter. O ne güzel vekildir. İyilik yapmaya da kötülükten kaçmaya da güç kuvvet sadece yüce ve büyük Allah (c.c.)'tandır. Allah (c.c.)'ın Salât ve Selâmı Efendimiz Muhammed (s.a.v.)'e, Ailesine ve arkadaşlarına olsun...

İSTİHARE DUÂSI

اَللّٰهُمَّ اِنّى اَسْتَخِيرُكَ بِعِلْمِكَ وَاَسْتَقْدِرُكَ
بِقُدْرَتِكَ وَاَسْاَلُكَ مِنْ فَضْلِكَ الْعَظِيمِ فَاِنَّكَ
تَقْدِرُ وَلَا اَقْدِرُ وَتَعْلَمُ وَلَا اَعْلَمُ وَاَنْتَ
عَلَّامُ الْغُيُوبِ ۞ اَللّٰهُمَ اِنْ كُنْتَ تَعْلَمُ اَنَّ
هٰذَا الْاَمْرَ خَيْرٌ لِى فِى دِينِى وَمَعَاشِى وَعَاقِبَةِ
اَمْرِى (اَوْ قَالَ) عَاجِلِ اَمْرِى وَاٰجِلِهِ فَاقْدُرْهُ لِى
وَيَسِّرْهُ لِى ثُمَّ بَارِكْ لِى فِيهِ وَاِنْ كُنْتَ تَعْلَمُ
اَنَّ هٰذَا الْاَمْرَ شَرٌّ لِى فِى دِينِى وَمَعَاشِى وَعَاقِبَةِ
اَمْرِى عَاجِلِ اَمْرِى وَاٰجِلِهِ فَاصْرِفْهُ عَنّى
فَاقْدُرْ لِى الْخَيْرَ حَيْثُ كَانَ ثُمَّ رَضّنِى بِهِ ۞

Allâhümme innî estehîrüke bi-'ilmike ve estakdirüke bi-kudratike ve es'elüke min fadlike'l-'azîm. Fe-inneke takdirü ve lâ akdirü ve ta'lemü ve lâ a'lemü ve ente 'allâmü'l-ğuyûb. Allâhümme in künte ta'lemü enne hâze'l-emra hayru'l-lî fî dînî ve me'âşî ve âkıbeti emrî (ev kâle) 'âcili emrî ve âcilihî fa-kdürhü lî ve yessirhü lî, sümme bârik lî fîhi ve in künte ta'lemü enne hâze'l-emra şerru'l-lî fî dînî ve me'âşî ve 'âkıbeti emrî 'âcili emrî ve âcilihi fa-srifhü 'annî fa-kdur lî el-hayra haysü kâne, sümme raddinî bih.

Allahım! Bildiğin için hakkımda hayırlı olanı bana bildirmeni, gücün yettiği için bana güç vermeni, beni hayra ulaştırmanı senin fazl u kereminden talep ediyorum; çünkü senin kudretin her şeye yeter, benimki ise yetmez. Sen her şeyi bilirsin, ben ise bilmem. Sen gaybları bilensin. Allahım! Eğer bu iş, dinim, hayatım, işimin sonu, dünyam ve âhiretim hakkında hayırlı olacaksa -ki sen her şeyi bildiğin gibi bunu da bilirsin- bunu bana nasip et, kolaylaştır, mübârek ve bereketli kıl. Yok eğer bu iş dinim hayatım, işimin sonu, dünyam ve âhiretim hakkında şer ise onu benden uzaklaştır; hakkımda hayırlısını takdir et ve benim gönlümü ona râzı et.

Farz namazından sonra iki rek'at namaz kılınır. Namaz bittikten sonra istihare duası okunur. Abdestli olarak kıbleye karşı yatılır. Rüyada; beyaz veya yeşil görürse hayır, siyah veya kırmızı ise işin iyi gitmeyeceğine işarettir.

4444 DUÂ / SALAT-I TEFRİCİYE

اَللّٰهُمَّ صَلِّ صَلاَةً كَامِلَةً وَسَلِّمْ سَلاَمًا تَامًّا عَلٰى سَيِّدِنَا مُحَمَّدٍ الَّذِى تَنْحَلُّ بِهِ الْعُقَدُ وَتَنْفَرِجُ بِهِ الْكُرَبُ وَتُقْضٰى بِهِ الْحَوَائِجُ وَتُنَالُ بِهِ الرَّغَائِبُ وَحُسْنُ الْخَوَاتِمِ وَيُسْتَسْقَى الْغَمَامُ بِوَجْهِهِ الْكَرِيمِ وَعَلٰى اٰلِهِ وَصَحْبِهِ فِى كُلِّ لَمْحَةٍ وَنَفَسٍ بِعَدَدِ كُلِّ مَعْلُومٍ لَكَ

Allâhümme salli salâten kâmiletev ve sellim selâmen tâmmen 'alâ seyyidinâ Muhammedini'l-lezî tenhallü bihi'l-'ukadü ve tenfericü bihi'l-kürebü ve tukdâ bihi'l-havâ'icü ve tünâlü bihi'r-rağâ'ibü ve hüsnü'l-havâtimi ve yüsteska'l-gamâmü bi-vechihi'l-kerîm ve 'alâ âlihî ve sahbihî fî külli lemhati'v-ve nefesi'm-bi-'adedi külli mâ'lumi'l-lek.

Allahım! Efendimiz Muhammed'e kâmil salât ile rahmet et ve tam selâm ile de selâmet ver ki düğümler O'nunla çözülür, sıkıntılar O'nunla açılıp zâil olur, üzüntüler onunla dağılır, hâcetler onunla yerine gelebilir. Her güzel netice de onunla elde edilir. O güzel yüzü hürmetine yağmur istenir. Onun ehl-i beytine ve ashabına her anda, her nefes alınacak zamanda ve sence bilinen her şeyin adedince rahmet eyle.

Salât-ı Tefriciye ve Salât-ı Nâriye diye anılan bu duanın büyük fazileti vardır.Tesiri mücerriptir. Sıkıntılı günlerde, çok önemli işlerin gerçekleşmesi ve gelecek musibetlerden korunmak için 4444 defa okunması tavsiye edilen bu dûa, kalplerden gam ve kasaveti defeder.

SALAT-I MÜNCİYE / SALATEN TÜNCİNA

اَللّٰهُمَّ صَلِّ عَلٰى سَيِّدِنَا مُحَمَّدٍ وَعَلٰى اٰلِ مُحَمَّدٍ صَلَاةً تُنْجِينَا بِهَا مِنْ جَمِيعِ الْاَهْوَالِ وَالْاٰفَاتِ وَتَقْضِى لَنَا بِهَا جَمِيعَ الْحَاجَاتِ وَتُطَهِّرُنَا بِهَا مِنْ جَمِيعِ السَّيِّئَاتِ وَتَرْفَعُنَا بِهَا اَعْلَى الدَّرَجَاتِ وَتُبَلِّغُنَا بِهَا اَقْصَى الْغَايَاتِ مِنْ جَمِيعِ الْخَيْرَاتِ فِى الْحَيَاتِ وَبَعْدَ الْمَمَاتِ ۞ اٰمِينْ يَا مُجِيبَ الدَّعَوَاتِ وَالْحَمْدُ لِلّٰهِ رَبِّ الْعَالَمِينَ

Allâhümme salli 'alâ seyyidinâ Muhammedi'v-ve 'ala âli muhammedin salâten tüncînâ bihâ min cemî'i'l-ehvâli ve'l-âfât, ve takdî lenâ bihâ cemî'a'l-hâcât, ve tütahhirunâ bihâ min cemî'i's-seyyi'ât, ve terfe'unâ bihâ a'la'd-deracât, ve tübelliğunâ bihâ aksa'l-ğâyât min cemî'i'l-hayrâti fi'l-hayâti ve ba'de'l-memât. Âmin yâ mücîbe'd-da'avât, ve'l-hamdü lillâhi rabbi'l-âlemîn.

Allahım! Efendimiz Muhammed'e rahmet et. Hem öyle bir rahmet ki o rahmetinle bizi bütün korku ve belâlardan kurtar. Bütün ihtiyaçlarımızı ve eksiklerimizi o rahmetinin hürmetine yerine getir. Bütün günahlarımızı ve hatalarımızı o engin rahmetinle temizle. O rahmetin hürmetine bizi en yüce derecelere çıkar. O rahmetin hürmetine hayatta iken de öldükten sonra da hayırların en yücesine ulaştır. Âmin, ey duâlara icâbet eden Rabbim! Bütün hamdler âlemlerin rabbi Allah içindir.

Tehlikeli ve sıkıntılı zamanlarda bu mübârek salavat-ı şerifeyi okuyan kimse hem dünya hem de âhiretin sıkıntılarından kurtulur. Bütün kazâ ve musibetlere karşı salavat-ı şerifeyi okumaya devam eden; düşmanların, hasetçilerin şerlerinden ve vesveselerinden korunur.

İMAM-I ÂZAM'IN TESBİH DUÂSI

سُبْحَانَ الْاَبَدِيِّ الْاَبَدِ ۝ سُبْحَانَ الْوَاحِدِ الْاَحَدِ
۝ سُبْحَانَ الْفَرْدِ الصَّمَدِ ۝ سُبْحَانَ رَافِعِ
السَّمَاءِ بِغَيْرِ عَمَدٍ ۝ سُبْحَانَ مَنْ بَسَطَ الْاَرْضَ
عَلَى مَاءٍ جَمَدٍ ۝ سُبْحَانَ مَنْ خَلَقَ الْخَلْقَ
وَاَحْصَاهُمْ عَدَدًا ۝ سُبْحَانَ مَنْ قَسَمَ الْاَرْزَاقَ
وَلَمْ يَنْسَ اَحَدًا ۝ سُبْحَانَ الَّذٖى لَمْ يَتَّخِذْ
صَاحِبَةً وَلَا وَلَدًا ۝ سُبْحَانَ الَّذٖى لَمْ يَلِدْ وَلَمْ
يُولَدْ وَلَمْ يَكُنْ لَهُ كُفُوًا اَحَدٌ ۝ سُبْحَانَ مَنْ
يَرَانٖى وَيَعْرِفُ مَكَانٖى وَيَرْزُقُنٖى وَلَا يَنْسَانٖى ۝

Bismillâhirrahmânirrahîm.

Sübhâne'l-ebediyyi'l-ebed. Sübhâne'l-vâhidi'l-ahad. Sübhâne'l-ferdi's-samed. Sübhâne râfi'i's-semâ'i bi-gayri 'amed. Sübhâne men beseta'l-erda 'alâ mâ'in cemed. Sübhâne men halaka'l-halka ve ahsâhüm 'adede. Sübhâne men kaseme'l-erzâka ve lem yense ahade. Sübhâne'l-lezî lem yettehiz sâhıbete'v-ve lâ velede. Sübhâne'l-lezî lem yelid ve lem yûled ve lem yekû'l-lehü küfüven ahad. Sübhâne men yerânî ve ya'rifu mekânî ve yerzukunî ve lâ yensânî.

Rahmân ve Rahîm olan Allah'ın adıyla.

Ebeden ebeda olan Allah'ı noksanlıklardan tenzih ederim. Bir ve tek olan Allah'ı tenzih ederim. Tek ve sonsuz olan Allah'ı tenzih ederim. Göğü direksiz yükselten Allah'ı tenzih ederim. Yeryüzünü durgun suyun üzerinde yayan Allah'ı tenzih ederim. Mahlukatı yaratan ve onların adedini sayan Allah'ı tenzih ederim. Rızıkları taksim eden ve kimseyi unutmayan Allah'ı tenzih ederim. Hiçbir arkadaş ve çocuk edinmeyen Allah'ı tenzih ederim. Doğurmayan, doğrulmayan ve hiçbir kimsenin kendisine denk olmayan Allah'ı tenzih ederim. Beni gören, yerimi bilen, beni rızıklandıran ve beni unutmayan Allah'ı tenzih ederim.

"Sabah akşam bu duayı okuyanlar Kıyamet günü Cenab-ı Hakk'ın azâbından kurtulurlar." müjdesi verilmiştir.

KARINCA DUÂSI

اَللّٰهُمَّ يَارَبِّ جَبْرَائِيلَ وَمِكَائِيلَ وَاِسْرَافِيلَ

وَعَزْرَائِيلَ وَاِبْرٰهِيمَ وَاِسْمٰعِيلَ وَيَعْقُوبَ

وَمُنْزِلَ الْبَرَكَاتِ وَالتَّوْرَاتِ وَالزَّبُورِ

وَالْاِنْجِيلِ وَالْفُرْقَانِ وَلَا حَوْلَ وَلَا قُوَّةَ اِلَّا بِاللّٰهِ

الْعَلِيِّ الْعَظِيمِ لَا اِلٰهَ اِلَّا اللّٰهُ الْمُلْكُ الْحَقُّ الْمُبِينُ

مُحَمَّدٌ رَسُولُ اللّٰهِ صَادِقُ الْوَعْدِ الْاَمِينُ يَا رَبِّ

يَا رَبِّ يَا حَيُّ يَا قَيُّومُ يَا ذَا الْجَلَالِ وَالْاِكْرَامِ

اَسْاَلُكَ يَا رَبِّ الْعَرْشِ الْعَظِيمِ اَنْ تَرْزُقَنِى

رِزْقًا حَلَالًا طَيِّبًا بِرَحْمَتِكَ يَا اَرْحَمَ الرَّاحِمِينَ

OKUNUŞU

Allahümme ya rabbi ve cebraile ve mikaile ve israfile ve azraile ve ibrahime ve ismaile ve ishaka ve ya'kube ve münzile'l-berekati ve münzilet-Tevrati ve'z-Zeburi ve'l-İncili ve'l-Furkani ve la havle ve la kuvvete illa billahi'l aliyyi'l-azim. La ilahe illallahü'l-Melikü'l-Hakku'l-Mübin. Muhammedün rasulullahi sadiku'l va'di'l-Emin ya rabbi ya rabbi ya hayyu ya kayyumu ya ze'l-celali ve'l-ikram. Es'elüke ya rabbe'l-Arşi'l-Aziym. En yerzükaniy rızkan halalen tayyiben birahmetike ya erhamer rahimin.

MÂNÂSI

Ey Cebrailin, Mikailin, İsrafilin, Azrailin, İbrahimin, İsmailin, İshak ve Yakubun rabbi Allah'ım, ey bereketleri indiren, Tevrat, Zebur, İncil ve Kur'an'ı indiren rabbim. Güç ve kudret yalnızca büyük ve yüce olan Allah'a aittir. Apaçık Hak ve yegane Melik olan Allah'tan başka hiç bir ilah yoktur. Sözünde sadık ve emin olan Hz. Muhammed Allah'ın elçisidir. Ey rabbim, Ey Rabbim, Ey diri ve kaim olan, Ey celal ve ikram sahibi, senden beni helal ve hoş bir rızk ile rızıklandırmanı istiyorum, senin rahmetinle ey merhametlilerin en merhametlisi!

AHİDNAME DUÂSI

اَللّٰهُمَّ فَاطِرَ السَّمٰوَاتِ وَالْاَرْضِ عَالِمَ
الْغَيْبِ وَالشَّهَادَةِ اِنّى اَعْهَدُ اِلَيْكَ فِى هٰذِهِ
الْحَيَاةِ الدُّنْيَا بِاَنّى اَشْهَدُ اَنْ لَا اِلٰهَ اِلَّا اَنْتَ
وَحْدَكَ لَا شَرِيكَ لَكَ وَاَنَّ مُحَمَّدًا عَبْدُكَ
وَرَسُولُكَ فَلَا تَكِلْنى اِلٰى نَفْسى طَرْفَةَ
عَيْنٍ فَاِنَّكَ اِنْ تَكِلْنى اِلٰى نَفْسى تُقَرِّبْنى
مِنَ الشَّرِّ وَتُبَاعِدْنى مِنَ الْخَيْرِ وَاِنّى لَا
اَثِقُ اِلَّا بِرَحْمَتِكَ فَاجْعَلْ لى عِنْدَكَ عَهْدًا
تُوَفّينِهِ يَوْمَ الْقِيَامَةِ اِنَّكَ لَا تُخْلِفُ الْمِيعَادَ

OKUNUŞU

"Allâhümme fâtırussemâvâti vel'ardı âlimülğaybi veşşehâdeti innî a'hedü ileyke fî hâzihil hayatiddünyâ bi ennî eşhedü en lâ ilâhe illâ ente vahdeke lâ şerike leke ve enne Muhammeden abdüke ve resûlüke felâ tekilnî ilâ nefsî tarfate aynin feinneke in tekilnî ilâ nefsî tukarribnî mineşşerri ve tübâıdnî minel hayri ve innî lâ esiku illâ birahmetike fec'allî ındeke ahden tufînîhi yevmel kıyâmeti inneke lâ tuhlifül mîad."

MÂNÂSI

Allah'ım, Göklerive yeri yaratan, görüneni ve görünmeyeni bilen. Şüphesiz ki ben bu dünya hayatında sana söz veriyorum. Kesinlikle ben, senden başka ilah olmadığına, senin tek olduğuna ve ortağın bulunmadığına, Muhammed (s.a.v.)'in senin kulun ve elçin olduğuna tanıklık ederim. Göz açıp kapayıncaya kadar beni nefsime bırakma, eğer sen beni nefsime bırakırsan kötülüğe yakınlaştırır, hayırdan uzaklaştırır. Ben ise ancak senin rahmetine güveniyorum. Benim için katında, kıyamet günü yerine getirilecek söz eyle. Şüphesiz ki sen sözünden caymazsın.

HÂCET DUÂSI

بِسْمِ اللّٰهِ الرَّحْمٰنِ الرَّح۪يمِ وَلَا حَوْلَ وَلَا قُوَّةَ اِلَّا
بِاللّٰهِ الْعَلِيِّ الْعَظ۪يمِ ۞ اَللّٰهُمَّ اِنّ۪ى اَسْاَلُكَ يَا قَد۪يمُ
يَا دَائِمُ يَا فَرْدُ يَا وِتْرُ يَا اَحَدُ يَا صَمَدُ يَا حَىُّ يَا قَيُّومُ
يَا ذَا الْجَلَالِ وَالْاِكْرَامِ فَاِنْ تَوَلَّوْا فَقُلْ حَسْبِىَ اللّٰهُ لَا
اِلٰهَ اِلَّا هُوَ عَلَيْهِ تَوَكَّلْتُ وَهُوَ رَبُّ الْعَرْشِ الْعَظ۪يمِ

Bismillâhi'r-rahmâni'r-rahîm. "Ve lâ havle ve lâ kuvvete illâ billâhi'l-'aliyyi'l-'azîm. Allâhümme innî es'elüke yâ kadîmü, yâ dâ'îmü, yâ ferdü, yâ vitru, yâ ehadu, yâ samedü, yâ hayyü, yâ kayyûmü, yâ ze'l-celâli ve'l-ikrâm. Fe-in tevellev fe-kul hasbiyallâhü lâ ilâhe illâ hû, 'aleyhi tevekkeltü ve hüve rabbü'l-'arşi'l-'azîm."

Rahmân ve Rahîm olan Allah'ın adıyla! "Güç ve kudret, büyük ve yüce olan Allah'a aittir. Allah'ım, senden istiyorum; ey evveli olmayan, ey daim olan, ey tek olan, ey bir olan, ey ehat olan, ey ebedi olan, ey kayyum. Ey celal ve ikram sahibi olan. Yine de yüz çevirirlerse o zaman de ki: Bana Allah yeter, ki O'ndan başka hiçbir ilah yok. O'na tevekkül ettim ve O, büyük Arş'ın sahibidir."

KURBAN KESME DUÂSI

اَللّٰهُمَّ هٰذَا مِنْكَ وَاِلَيْكَ وَتَقَبَّلْ مِنّٖى اِنّٖى وَجَّهْتُ وَجْهِىَ
لِلَّذٖى فَطَرَ السَّمٰوَاتِ وَالْاَرْضَ حَنٖيفًا وَمَا اَنَا مِنَ
الْمُشْرِكٖينَ اِنَّ صَلَاتٖى وَنُسُكٖى وَمَحْيَاىَ وَمَمَاتٖى لِلّٰهِ
رَبِّ الْعَالَمٖينَ لَا شَرٖيكَ لَهُ وَبِذٰلِكَ اُمِرْتُ وَاَنَا اَوَّلُ
الْمُسْلِمٖينَ ۝ اَللّٰهُ اَكْبَرُ اَللّٰهُ اَكْبَرُ اَللّٰهُ اَكْبَرُ لَا اِلٰهَ اِلَّا اللّٰهُ
وَاللّٰهُ اَكْبَرُ اَللّٰهُ اَكْبَرُ وَلِلّٰهِ الْحَمْدُ بِسْمِ اللّٰهِ اَللّٰهُ اَكْبَرُ ۝

"Allâhümme hâzâ minke ve ileyke ve-tekabbel minnî, innî veccehtü vechiye lillezî fatara's-semâvâti ve'l-erda hanîfen ve mâ enâ mine'l-müşrikîn. İnne selâtî ve nüsükî ve mahyâye ve memâtî lillâhî rabbi'l-'âlemîn, lâ şerike leh, ve bi-zâlike ümirtü ve enâ evvelü'l-müslimîn." - der ve sonra tekbir getirerek "Allâhu ekber. Allâhu ekber. Allâhu ekber. Lâ ilâhe illâllâhu vellâhü ekber. Allâhu ekber ve lillâhi'l-hamd. Bismillâhi Allâhu ekber." duası okunur.

"Allahım bu sendedir ve Sana'dır. Bunu (kurbanı) benden kabul eyle. Namazım, niyazım, hayatım ve ölümüm âlemlerin rabbi olan Allah'ındır. O'nun şerik ve neziri yoktur. Allah'ım bunu benden kabul et. Tıbkı Peygamberim Muhammed (as) ile (halilin) İbrâhim (as)'ın kurbanlarını kabul eylediğin gibi." (Amin)

52. GECE KABİR DUÂSI

اَللّٰهُمَّ اِنّٖى اَسْاَلُكَ بِحَقِّ حَقِّكَ وَ بِحَقِّ كِبْرِيَائِكَ
وَبِحَقِّ جَمَالِكَ وَجَلاَلِكَ وَبِحَقِّ جُودِكَ
وَ فَضْلِكَ وَ كَرَمِكَ يَا قَدِيمَ الْاِحْسَانِ يَا صَادِقَ
الْوَعْدِ الْاَمِينِ لَا اِلٰهَ اِلَّا اَنْتَ سُبْحَانَكَ
اِنّٖى كُنْتُ مِنَ الظَّالِمِينَ ۞ اَللّٰهُمَّ اَجِبْ
دَعْوَتٖى بِحُرْمَةِ اسْمِكَ الْعَظٖيمِ وَبِحُرْمَةِ
مُحَمَّدٍ صَلَّى اللّٰهُ عَلَيْهِ وَسَلَّمَ وَعَلٰى اٰلِهٖ
وَصَحْبِهٖ اَجْمَعٖينَ وَالْحَمْدُ لِلّٰهِ رَبِّ الْعَالَمٖينَ
وَلَا حَوْلَ وَلَا قُوَّةَ اِلَّا بِاللّٰهِ الْعَلِىِّ الْعَظٖيمِ

"Allâhümme innî es'elüke bi-haki hakkıke ve bi-hakkı kibriyâ'ike ve bi-hakkı cemâlike ve celâlike ve bi-hakkı cûdike ve fadlike ve keramike yâ kadîme'l-ihsâni yâ sâdika'l-va'di'l-emîn. Lâ ilâhe illâ ente sübhâneke innî küntü mine'z-zâlimîn. Allâhümme ecib da'vetî bi-hürmeti ismike'l-'azîm ve bi-hürmeti Muhammedin sallallâhü 'aleyhi ve sellem, ve 'alâ âlihi ve sahbihi ecma'în. Ve'l-hamdü lillâhi rabbi'l-'alemîn, ve lâ havle ve lâ kuvvete illâ billâhi'l 'aliyyi'l-'azîm."

Allah'ım, hakikatlerinin hakkı için, büyüklüğünün hakkı için, cemalinin hakkı için, celalinin hakkı için, cömertliğinin hakkı için, lütfunla ve kereminle senden istiyorum. Ey iyiliği kadim olan, ey sözünde doğru ve güvenilir olan! Allah'tan başka ilah yok; ancak sen varsın. Seni noksanlıklardan tenzih ederim. Şüphesiz ki ben zalimlerden oldum. Allah'ım, yüce isminin hürmetine, Muhammed (s.a.v) ve onun tüm ehlinin ve ashâbının hürmetine duamı kabul buyur. Hamd, âlemlerin Rabbi olan Allah'adır. Güç ve kuvvet ancak yüce ve büyük olan Allah'a aittir. Bu duâ ölen kimsenin elli ikinci gecesinde okunması âdet olmuştur.

KABİR ZİYARETİNDE OKUNACAK DUA

Büreyde (r.a.) şöyle dedi: Hz. Peygamber (s.a.v.) Ashâb-ı Kirâm'a, kabristana gittikleri zaman şöyle demelerini öğretirdi: **"Esselâmü aleyküm ehled diyârî minel-mü'minîn. Ve innâ inşâallâhu biküm lahikûn. Es'elüllâhe lenâ ve lekümü'l afiyeh."**

Anlamı: Selam size! Ey bu diyârın mü'min ve müslim halkı! İnşaallah yakında biz de aranıza katılacağız. Allah'ın bizi de sizide bağışlamasını dilerim."

YEMEK DUÂSI

اَلْحَمْدُ لِلّٰهِ الَّذٖى اَطْعَمَنَا وَسَقَانَا وَجَعَلَنَا مِنَ

الْمُسْلِمٖينَ اَطْعَمَنَا اللّٰهُ مِنْ طَعَامِ الْجَنَّةِ وَسَقَانَا

اللّٰهُ مِنْ شَرَابِ الْكَوْثَرِ بِحُرْمَةِ الْاَنْبِيَاءِ

وَالْمُرْسَلٖينَ وَالْحَمْدُ لِلّٰهِ رَبِّ الْعَالَمٖينَ

EZAN DUÂSI

اَللّٰهُمَّ رَبَّ هٰذِهِ الدَّعْوَةِ التَّامَّةِ وَالصَّلٰوةِ الْقَٓائِمَةِ

آتِ مُحَمَّدًا نِ الْوَسٖيلَةَ وَالْفَضٖيلَةَ وَابْعَثْهُ مَقَامًا

مَحْمُودًا نِ الَّذٖى وَعَدْتَهُ اِنَّكَ لَا تُخْلِفُ الْمٖيعَادَ

YEMEK DUÂSI

"Elhamdü lillâhi'l-lezi et'amenâ ve sekanâ ve ce'alenâ mine'l-müslimîn. Et'amenellahü min ta'âmi'l-cenneti ve sekânâllâhü min şerâbi'l-kevser. Bi-hürmeti'l-enbiyâ'i ve'l-mürselîn, ve'l-hamdü lillâhi rabbi'l-'âlemîn."

"Bizleri yediren, içiren ve İslâmiyetle müşerref kılan Allâhü Teâlâ'ya şükürler olsun. Cümle Peygamberlerin hakkı için bizleri Cennet tâamından yedir, Kevser şarâbından içir. Âlemlerin Rabbi olan Allâhü Teâlâ'ya hamd olsun."

EZAN DUÂSI

"Allâhümme Rabbe hâzihi'd-dâ'veti't-tâmmeh, ve's-salâti'l-kâ'imeh, âti Muhammedeni'l-vesîlete ve'l-fadîlete ve-b'ashü mekâme'm-mahmûdeni'l-lezî ve'atteh, inneke lâ tuhlifü'l-mîâd."

Ey Allahım! Ey bu tam dâvetin ve vakti gelmiş olan namazın sahibi, Muhammed (sallallâhu aleyhi ve sellem)'e vesileyi ve fazileti ihsân eyle. O'nu kendisine vaad ettiğin Makam-ı Mahmûd'a eriştir. Muhakkak Sen va'dinden dönmezsin.

NAZAR ÂYETİ

Nazar değmemesi için veya nazar değene şu âyet-i kerîme okunmalıdır.

بِسْمِ اللّٰهِ الرَّحْمٰنِ الرَّح۪يمِ

وَاِنْ يَكَادُ الَّذ۪ينَ كَفَرُوا لَيُزْلِقُونَكَ بِاَبْصَارِهِمْ لَمَّا سَمِعُوا

الذِّكْرَ وَيَقُولُونَ اِنَّهُ لَمَجْنُونٌ ﴿٥١﴾ وَمَا هُوَ اِلَّا ذِكْرٌ لِلْعَالَم۪ينَ ﴿٥٢﴾

Ve iy-yekâdü'l-lezîne keferû le-yüzlikûneke bi-ebsârihim lemmâ semiû'z-zikra ve yekûlûne innehû le-mecnûn (51) Ve mâ hüve illâ zikrü'l-li'l-'âlemîn. (52)

51- Doğrusu, o inkâr edenler, o zikri -Kur'ân'ı- işittikleri zaman, az daha seni gözleriyle devireceklerdi. Bir de durmuşlar, "Şüphesiz ki o, bir deli" diyorlar. 52- Oysa o, akıl sahibi bütün âlemler için hâlis bir öğüttür.

NAZAR İÇİN OKUNACAK DUÂLAR

Rasûlullah (s.a.v.) Efendimiz şöyle buyurmuştur:

"Bir kimse göz değmesinden (nazardan) korktuğu vakit şu duayı okuduğu takdirde Cenâbı Hakk'ın kudreti ile ona bir şey zarar vermez:"

مَا شَاءَ اللّٰهُ لَا حَوْلَ وَلَا قُوَّةَ اِلَّا بِاللّٰهِ الْعَلِيِّ الْعَظ۪يمِ

Mâşâallâhü lâ havle ve lâ kuvvete illâ billâhi'l-'aliyyi'l-azîm.

Hoşa giden bir şey görüldüğü zaman şöyle denilmelidir:

مَا شَاءَ اللّٰهُ بَارَكَ اللّٰهُ **Mâşâallâh, bârekellâh**

Nazar değmesinden hasta olan kimseye bu dua yedi kere okunmalıdır:

بِسْمِ اللّٰهِ اَرْقِيكَ مِنْ كُلِّ شَيْءٍ يُؤْذِيكَ وَمِنْ كُلِّ عَيْنٍ وَحَاسِدٍ اَللّٰهُ يَشْفِيكَ

Bismillâhi erkîke min külli şey'in yü'zîke ve min külli aynin ve hâsidin Allâhü yeşfîk.

İFTAR DUÂSI

اَللّٰهُمَّ لَكَ صُمْتُ وَبِكَ اٰمَنْتُ وَعَلَيْكَ تَوَكَّلْتُ وَعَلٰى رِزْقِكَ اَفْطَرْتُ وَصَوْمَ الْغَدِ مِنْ شَهْرِ رَمَضَانَ نَوَيْتُ فَاغْفِرْ لِى مَا قَدَّمْتُ وَمَا اَخَّرْتُ

"Allâhümme leke sumtü ve bike âmentü ve 'aleyke tevekkeltü ve 'alâ rızkıke eftartu ve savme'l-ğadi min şehri Ramadâne neveytü, fa-ğfir lî mâ kaddemtü ve mâ ahhartu."

"Allah'ım, Senin için oruç tuttum ve Sana inandım, Sana güvendim ve verdiğin rızıkla iftar etim. Ramazanın yarınki günün orucunu tutmaya niyyet ettim. Geçmişte ve gelecekte istemeyerek işlediğim günahlarımı affeyle."

SEYYİD'ÜL İSTİĞFAR DUÂSI

اَللّٰهُمَّ اَنْتَ رَبّى لَا اِلٰهَ اِلَّا اَنْتَ خَلَقْتَنى وَاَنَا عَبْدُكَ وَاَنَا عَلٰى عَهْدِكَ وَوَعْدِكَ مَااسْتَطَعْتُ اَعُوذُ بِكَ مِنْ شَرِّ مَا صَنَعْتُ اَبُوءُ لَكَ بِنِعْمَتِكَ عَلَىَّ وَاَبُوءُ بِذَنْبى فَاغْفِرْ لى فَاِنَّهُ لَا يَغْفِرُ الذُّنُوبَ اِلَّا اَنْتَ بِرَحْمَتِكَ يَا اَرْحَمَ الرَّاحِمينَ

"Allâhümme ente Rabbî lâ ilâhe illâ ente halâktenî ve enâ 'abdüke ve enâ 'alâ 'ahdike ve va'dike me-steta'tü e'ûzü bike min şerri mâ sana'tü, ebû'ü leke bi-ni'metike 'aleyye ve ebû'ü bi-zenbî fa-ğfirlî fe-innehû lâ yağfiru'z-zünûbe illâ ente, bi-rahmetike yâ erhame'r-râhimîn."

"Allah'ım! Sen benim Rabbimsin. Senden başka ilah yoktur. Beni Sen yarattın ve ben Senin kulunum. Ve ben îmân ve ubudiyyetimde gücüm yettiği kadar Senin ahd-ü misakın üzereyim. Yâ Rabbi! Yaptıklarımın şerrinden sana sığınırım: Ve Senin bana in'am ve ihsan etdiğin nimetleri ikrar ve itiraf ederim. Kendi kusur ve günahlarımı da ikrar ve itiraf ederim. Yâ Rabbi! Sen beni avf-ü mağfiret eyle. Zira Senden başkası günahları avf-ü mağfiret edemez."

Allâhü Teâlâ'ya günahlardan dolayı yapılan bir takım istiğfar duaları vardır. İhlâs ile yapıldıktan sonra hepsi aynı faydayı sağlar, ama bazılarının derece ve özellik bakımından üstünlüğü vardır. İşte bu Seyyid'ül İstiğfar Duası onlardan biridir. "Kim ihlâs ile sevâb ve faziletine inanarak, bunu gündüz okur da o gün akşama varmadan önce ölürse, o kimse cennetliktir. Kim de sevâb ve fazîletine inanarak akşam okur da sabaha varmadan ölürse, o kimse cennet ehlinden (cennetlik)dir."

İSM-İ A'ZAM DUÂSI

İsm-i A'zam Duâsı'nı ihlasla okuyan kimselerin ne arzusu varsa Allah (c.c) arzularını ona verir, isteklerini gerçekleştirir.

بِسْمِ اللّٰهِ الرَّحْمٰنِ الرَّحِيمِ ۞ اَللّٰهُمَّ اِنّى اَسْاَلُكَ بِاَنَّ لَكَ
الْحَمْدُ لَا اِلٰهَ اِلَّا اَنْتَ الْمَنَّانُ يَا حَنَّانُ يَا مَنَّانُ ۞ يَا بَدِيعُ
السَّمٰوَاتِ وَالْاَرْضِ يَا ذَا الْجَلَالِ وَالْاِكْرَامِ ۞ يَا حَىُّ يَا
قَيُّومُ لَا اِلٰهَ اِلَّا اَنْتَ سُبْحَانَكَ اِنّى كُنْتُ مِنَ الظَّالِمِينَ
۞ اَللّٰهُمَّ اِنّى اَسْاَلُكَ بِاَنّى اَشْهَدُ اَنَّكَ اَللّٰهُ لَا اِلٰهَ اِلَّا
اَنْتَ الْاَحَدُ الصَّمَدُ الَّذى لَمْ يَلِدْ وَلَمْ يُولَدْ وَلَمْ يَكُنْ
لَهُ كُفُوًا اَحَدٌ ۞ الٓمٓ ۞ اَللّٰهُ لَا اِلٰهَ اِلَّا هُوَ الْحَىُّ الْقَيُّومُ
۞ وَاِلٰهُكُمْ اِلٰهٌ وَاحِدٌ لَا اِلٰهَ اِلَّا هُوَ الرَّحْمٰنُ الرَّحِيمِ
۞ يَا ذَا الْجَلَالِ وَالْاِكْرَامِ يَا اَرْحَمَ الرَّاحِمِينَ ۞

اَللّٰهُمَّ اِنّ۪ى اَسْاَلُكَ بِاَنَّكَ اَنْتَ اللّٰهُ لَا اِلٰهَ اِلَّا اَنْتَ

الْوَاحِدُ الْاَحَدُ الْفَرْدُ الصَّمَدُ الَّذ۪ى لَمْ يَلِدْ وَلَمْ يُولَدْ

وَلَمْ يَكُنْ لَهُ كُفُوًا اَحَدٌ ۞ لَا اِلٰهَ اِلَّا اللّٰهُ وَحْدَهُ لَا شَر۪يكَ

لَهُ ۞ لَهُ الْمُلْكُ وَلَهُ الْحَمْدُ وَهُوَ عَلٰى كُلِّ شَيْءٍ قَد۪يرٌ ۞

لَا اِلٰهَ اِلَّا اللّٰهُ وَلَا حَوْلَ وَلَا قُوَّةَ اِلَّا بِاللّٰهِ الْعَلِيِّ الْعَظ۪يمِ

۞ اَسْاَلُكَ بِاسْمِكَ الْاَعَزِّ الْاَجَلِّ الْاَكْرَمِ رَبِّ رَبِّ رَبِّ

يَا رَبِّ يَا رَبِّ يَا رَبِّ لَا اِلٰهَ اِلَّا اللّٰهُ وَحْدَهُ لَا شَر۪يكَ لَهُ

۞ لَهُ الْمُلْكُ وَلَهُ الْحَمْدُ وَهُوَ عَلٰى كُلِّ شَيْءٍ قَد۪يرٌ ۞

اَلْحَمْدُ لِلّٰهِ وَسُبْحَانَ اللّٰهِ وَالْحَمْدُ لِلّٰهِ وَلَا اِلٰهَ اِلَّا اللّٰهُ وَاللّٰهُ

اَكْبَرُ ۞ وَلَا حَوْلَ وَلَا قُوَّةَ اِلَّا بِاللّٰهِ الْعَلِيِّ الْعَظ۪يمِ ۞

Bismillâhi'r-rahmâni'r-rahîm, "Allâhümme innî es'elüke bi-enne leke'l hamdü, lâ ilâhe illâ ente'l-mennânü yâ hannânü ya mennân, yâ bedî'û's-semâvâti ve'l-erdi yâ zelcelâli ve'l-ikrâm. Yâ hayyü ya kayyûm. Lâ ilâhe illâ ente sübhâneke innî küntü mine'z-zâlimîn. Allâhümme innî es'elüke bi-ennî eşhedü ennekellâhü lâ ilahe illâ ente'l-ehadû's-samedüllezî lem yelid ve lem yûled ve lem yekû'l-lehû küfüven ehad. Elif, lâm-mîm. Allâhü lâ ilâhe illâ hüve'l-hayyü'l-kayyûm. Ve ilâhüküm ilâhü'v-vâhidü'l-lâ ilâhe illâ hüve'r-rahmanû'r-rahîm! Yâ zelcelâli ve'l-ikrâm. Yâ erhame'r-râhimîn. Allâhümme innî es'elüke bi enneke entallâhü lâ ilâhe illâ ente'l-vâhidü'l-ehadü'l-ferdü's-samedü'l-lezi lem yelid ve lem yûled ve lem yekû'l-lehû küfüven ehad. Lâ ilâhe illâllâhu vahdehû lâ şerîke leh, lehü'l-mülkü ve lehü'l-hamdü ve hüve 'alâ külli şey'in kadîr. Lâ ilâhe illallâhü ve lâ havle ve lâ kuvvete illâ bilâhi'l-'aliyyi'l-'azîm. Es'elüke bi-smike'l-e'azzi'l-ecelli'l-ekrem, Rabbi, Rabbi, Rabbi! Yâ Rabbi! Yâ Rabbi! Yâ Rabbi! Lâ ilâhe illallâhü vahdehû lâ şerîke leh, lehü'l-mülkü ve lehü'l-hamdü ve hüve 'alâ külli şey'in kadîr. El-hamdü lillâhi ve sübhânallâhi ve'l-hamdülîllâhi ve lâ ilâhe illallâhü vallâhü ekber, ve lâ havle ve lâ kuvvete illâ bilâhi'l-'aliyyi'l-'azîm.

MÜBAREK ÜÇ AYLAR DUÂLARI

Receb Ayına girince, aşağıdaki dua okunur.

اَللّٰهُمَّ بَارِكْ لَنَا فِى رَجَبَ وَشَعْبَانَ وَبَلِّغْنَا رَمَضَانَ وَاخْتِمْ لَنَا بِالْاِيمَانِ وَيَسِّرْ لَنَا بِالْقُرْاٰنِ

Bismillâhirrâmanirrâhim

"Allâhümme bârik lenâ fi Recebe ve Şa'bâne ve belliğnâ Ramadân, Va-htim lenâ bi'l-îmân ve yessir lenâ bi'l-Kur'ân."

Rahmân ve Rahîm olan Allah'ın adıyla

Allah'ım! Receb ve Şaban ayını bize mübârek kıl ve bizi Ramazan'a ulaştır. İmanla hitama erdir ve Kur'ân'lâ bize kolaylaştır.

RECEB-İ ŞERİF DUALARI:

10 gün; Sübhanalahi'l-Hayyi'l-Kayyum,

10 gün; Sübhanalahi'l-Ehadis Samed,

10 gün; Sübhanallahi'l-Gafuri'r-Rahim.

ŞABAN-I ŞERİF DUALARI:

10 gün; ya Latif celle Şânühü,

10 gün; ya Rezzak celle Şânühü,

10 gün; ya Aziz celle Şânühü

RAMAZAN-I ŞERİF DUALARI:

10 gün; ya Er-hame'r-Râhimin,

10 gün; ya Gaffare'z-Zünûb,

10 gün; ya Atika'r-Ribab.

KUR'AN-I KERÎM'DEN DUÂLAR

رَبَّنَا تَقَبَّلْ مِنَّا اِنَّكَ اَنْتَ السَّمٖيعُ الْعَلٖيمُ ﴿١٢٧﴾

Rabbena tekabbel minna inneke ent'es-semi'ul-alim.

Ey Rabbimiz! Bizden bu hayırlı işi kabul eyle ki, sen duamızı işitir ve niyazımızı bilirsin." (Bakara Suresi, 127)

رَبِّ اجْعَلْنٖى مُقٖيمَ الصَّلٰوةِ وَمِنْ ذُرِّيَّتٖى رَبَّنَا وَتَقَبَّلْ دُعَاءِ ﴿٤٠﴾

Rabbic'alni mukim'es-salati ve min zürriyyeti rabbenâ ve te-kabbel duâ.

Ey Rabbimiz! Beni de zürriyyetimi de namaza devam edenlerden kıl. Ey Rabbimiz! duâmı (ibadetimi) kabul eyle." (İbrahim Suresi, 40)

İMAN TAZELEME DÛASI

İMAN TAZELEME DUASI: "Allâhümme inni ürîdü en üceddidel imâne bi kavli lâ ilâhe illallâh Muhammedür resûlullah."

NİKAH TAZELEME DUASI: "Allâhümme inni ürîdü en üceddidel imâne vennikâhe tecdîden bi kavli lâ ilâhe illallâh Muhammedür resûlullah."

(Bu cümle de üç kere tekrarlanır, üçüncüde)

"Lâ ilâhe illallâhül melikül hakkul mübîn. Muhammedür-Resûlullâhi sâdikul va'dül emîni lâ havle kuvvete illâ billâhil aliyyil azîm." cümlesi ilave olunur.

Rasûlullah (s.a.v) buyurdu: ***"Allahü Teâlâ'ya mahsus olarak doksan dokuz isim vardır. Her kim bu doksan dokuz ismi ihya ederse (ezberler ve sayarsa) cennere girer."*** (Tirmizî, Buhari; 8/191)

اَلْمَلِكُ el-Melik	اَلرَّحِيمُ er-Rahîm	اَلرَّحْمٰنُ er-Rahmân	هُوَ اللّٰهُ الَّذٖى لَٓا اِلٰهَ اِلَّا هُوَ Hüvallahüllezi lâ ilâhe illâhu	
اَلْعَزٖيزُ el-Azîz	اَلْمُهَيْمِنُ el-Müheymin	اَلْمُؤْمِنُ el-Mü'min	اَلسَّلَامُ es-Selâm	اَلْقُدُّوسُ el-Kuddûs
اَلْمُصَوِّرُ el-Musavvir	اَلْبَارِئُ el-Bâri'	اَلْخَالِقُ el-Hâlik	اَلْمُتَكَبِّرُ el-Mutekebbir	اَلْجَبَّارُ el-Cebbâr
اَلْفَتَّاحُ el-Fettâh	اَلرَّزَّاقُ er-Rezzâk	اَلْوَهَّابُ el-Vahhâb	اَلْقَهَّارُ el-Kahhâr	اَلْغَفَّارُ el-Ğaffâr
اَلرَّافِعُ er-Râfi'	اَلْخَافِضُ el-Hafid	اَلْبَاسِطُ el-Basît	اَلْقَابِضُ el-Kâbid	اَلْعَلِيمُ el-Alîm
اَلْحَكَمُ el-Hakem	اَلْبَصِيرُ el-Basîr	اَلسَّمِيعُ es-Semi'	اَلْمُذِلُّ el-Muzill	اَلْمُعِزُّ el-Mu'iz
اَلْعَظِيمُ el-Azîm	اَلْحَلِيمُ el-Halîm	اَلْخَبِيرُ el-Habîr	اَللَّطِيفُ el-Lâtif	اَلْعَدْلُ el-Adl
اَلْحَفِيظُ el-Hafîz	اَلْكَبِيرُ el-Kebîr	اَلْعَلِىُّ el-Aliyy	اَلشَّكُورُ eş-Şekur	اَلْغَفُورُ el-Ğafur
اَلرَّقِيبُ er-Rakıb	اَلْكَرِيمُ el-Kerîm	اَلْجَلِيلُ el-Celîl	اَلْحَسِيبُ el-Hasîb	اَلْمُقِيتُ el-Mukît

اَلْمَجِيدُ el-Mecîd	اَلْوَدُودُ el-Vedûd	اَلْحَكِيمُ el-Hekîm	اَلْوَاسِعُ el-Vasî	اَلْمُجِيبُ el-Mucî b
اَلْقَوِىُّ el-Kaviyy	اَلْوَكِيلُ el-Vekîl	اَلْحَقُّ el-Hakk	اَلشَّهِيدُ eş-Şehid	اَلْبَاعِثُ el-Ba'is
اَلْمُبْدِئُ el-Mubdiu	اَلْمُحْصِى el-Muhsi	اَلْحَمِيدُ el-Hamid	اَلْوَلِىُّ el-Veliyy	اَلْمَتِينُ el-Metîn
اَلْقَيُّومُ el-Kayyum	اَلْحَىُّ el-Hayy	اَلْمُمِيتُ el-Mumît	اَلْمُحْيِى el-Muhyî	اَلْمُعِيدُ el-Mu'id
اَلْقَادِرُ el-Kadir	اَلصَّمَدُ es-Samed	اَلْوَاحِدُ el-Vahid	اَلْمَاجِدُ el-Mâcid	اَلْوَاجِدُ el-Vacid
اَلْاٰخِرُ el-Ahir	اَلْاَوَّلُ el-Evvel	اَلْمُؤَخِّرُ el-Muahhir	اَلْمُقَدِّمُ el-Mukaddim	اَلْمُقْتَدِرُ el-Muktedir
اَلْبَرُّ el-Berr	اَلْمُتَعَالِ el-Muteali	اَلْوَالِى el-Valî	اَلْبَاطِنُ el-Batın	اَلظَّاهِرُ ez-Zahir
مَالِكُ الْمُلْكِ Malik'ül-Mülk	اَلرَّؤُوفُ er-Rauf	اَلْعَفُوُّ el-Afuvv	اَلْمُنْتَقِمُ el-Muntekım	اَلتَّوَّابُ et-Tevvab
اَلْمُغْنِى el-Muğni	اَلْغَنِىُّ el-Ganiyy	اَلْجَامِعُ el-Cami	اَلْمُقْسِطُ el-Muksit	ذُوالْجَلَالِ وَالْاِكْرَامِ Zülcelali vel ikram
اَلْهَادِى el-Hadi	اَلنُّورُ en-Nur	اَلنَّافِعُ en-Nafiu'	اَلضَّارُّ ed-Darr	اَلْمَانِعُ el-Mani
اَلصَّبُورُ es-Sabur	اَلرَّشِيدُ er-Reşid	اَلْوَارِثُ el-Varis	اَلْبَاقِى el-Bakî	اَلْبَدِيعُ el-Bedi'

HATİM DUÂSI

اَلْحَمْدُ لِلّٰهِ رَبِّ الْعَالَمِينَ * وَالْعَاقِبَةُ لِلْمُتَّقِينَ * وَلَا
عُدْوَانَ اِلَّا عَلَى الظَّالِمِينَ * وَالصَّلَاةُ وَالسَّلَامُ عَلٰى
رَسُولِنَا مُحَمَّدٍ وَاٰلِهِ وَصَحْبِهِ اَجْمَعِينَ * رَبَّنَا تَقَبَّلْ مِنَّا
اِنَّكَ اَنْتَ السَّمِيعُ الْعَلِيمُ * وَتُبْ عَلَيْنَا يَا مَوْلَانَا اِنَّكَ
اَنْتَ التَّوَّابُ الرَّحِيمُ * وَاهْدِنَا وَوَفِّقْنَا اِلَى الْحَقِّ وَاِلٰى
طَرِيقٍ مُسْتَقِيمٍ * بِبَرَكَةِ الْقُرْاٰنِ الْعَظِيمِ * وَبِحُرْمَةِ مَنْ
اَرْسَلْتَهُ رَحْمَةً لِلْعَالَمِينَ * وَاعْفُ عَنَّا يَا كَرِيمُ * وَاعْفُ
عَنَّا يَا رَحِيمُ * وَاغْفِرْ لَنَا ذُنُوبَنَا بِفَضْلِكَ وَكَرَمِكَ يَا اَكْرَمَ
الْاَكْرَمِينَ * اَللّٰهُمَّ زَيِّنَّا بِزِينَةِ الْقُرْاٰنِ * وَاَكْرِمْنَا بِكَرَامَةِ
الْقُرْاٰنِ * وَشَرِّفْنَا بِشَرَافَةِ الْقُرْاٰنِ * وَاَلْبِسْنَا بِخِلْعَةِ
الْقُرْاٰنِ * وَاَدْخِلْنَا الْجَنَّةَ بِشَفَاعَةِ الْقُرْاٰنِ * وَعَافِنَا مِنْ
كُلِّ بَلَاءِ الدُّنْيَا وَعَذَابِ الْاٰخِرَةِ بِحُرْمَةِ الْقُرْاٰنِ * وَارْحَمْ

جَمِيعَ اُمَّةِ مُحَمَّدٍ يَا رَحِيمُ يَا رَحْمٰنُ * اَللّٰهُمَّ اجْعَلِ الْقُرْاٰنَ
لَنَا فِى الدُّنْيَا قَرِينًا وَفِى الْقَبْرِ مُونِسًا وَفِى الْقِيَامَةِ شَفِيعًا
وَعَلَى الصِّرَاطِ نُورًا * وَاِلَى الْجَنَّةِ رَفِيقًا * وَمِنَ النَّارِ
سِتْرًا وَحِجَابًا * وَاِلَى الْخَيْرَاتِ كُلِّهَا دَلِيلاً وَاِمَامًا بِفَضْلِكَ
وَجُودِكَ وَكَرَمِكَ يَا كَرِيمُ * اَللّٰهُمَّ اهْدِنَا بِهِدَايَةِ الْقُرْاٰنِ
* وَنَجِّنَا مِنَ النِّيرَانِ بِكَرَامَةِ الْقُرْاٰنِ * وَارْفَعْ دَرَجَاتِنَا
بِفَضِيلَةِ الْقُرْاٰنِ * وَكَفِّرْ عَنَّا سَيِّاٰتِنَا بِتِلَاوَةِ الْقُرْاٰنِ * يَا ذَا
الْفَضْلِ وَالْاِحْسَانِ * اَللّٰهُمَّ طَهِّرْ قُلُوبَنَا * وَاسْتُرْ عُيُوبَنَا
* وَاشْفِ مَرْضَانَا * وَاقْضِ دُيُونَنَا * وَبَيِّضْ وُجُوهَنَا
* وَارْفَعْ دَرَجَاتِنَا * وَارْحَمْ اٰبَاءَنَا * وَاغْفِرْ اُمَّهَاتِنَا *
وَاَصْلِحْ دِينَنَا وَدُنْيَانَا * وَشَتِّتْ شَمْلَ اَعْدَائِنَا * وَاحْفَظْ
اَهْلَنَا وَاَمْوَالَنَا وَبِلَادَنَا مِنْ جَمِيعِ الْاٰفَاتِ وَالْاَمْرَاضِ
وَالْبَلَايَا * وَثَبِّتْ اَقْدَامَنَا وَانْصُرْنَا عَلَى الْقَوْمِ الْكَافِرِينَ *

بِحُرْمَةِ الْقُرْاٰنِ الْعَظِيمِ * اَللّٰهُمَّ بَلِّغْ ثَوَابَ مَا قَرَأْنَاهُ وَنُورَ
مَا تَلَوْنَاهُ اِلٰى رُوحِ سَيِّدِنَا مُحَمَّدٍ صَلَّى اللّٰهُ تَعَالٰى عَلَيْهِ
وَسَلَّمَ * وَاِلٰى اَرْوَاحِ جَمِيعِ الْاَنْبِيَاءِ وَالْمُرْسَلِينَ *
صَلَوَاتُ اللّٰهِ وَسَلَامُهُ عَلَيْهِمْ اَجْمَعِينَ * وَاِلٰى اَرْوَاحِ اٰلِهِمْ
وَاَوْلَادِهِمْ وَاَزْوَاجِهِمْ وَاَصْحَابِهِمْ وَاَتْبَاعِهِمْ وَجَمِيعِ
ذُرِّيَّاتِهِمْ رِضْوَانُ اللّٰهِ تَعَالٰى عَلَيْهِمْ اَجْمَعِينَ * وَاِلٰى
اَرْوَاحِ اٰبَائِنَا وَاُمَّهَاتِنَا وَاِخْوَانِنَا وَاَخَوَاتِنَا وَاَوْلَادِنَا
وَاَقْرِبَائِنَا وَاَحِبَّائِنَا وَاَصْدِقَائِنَا وَاُسْتَاذِنَا وَاُسْتَاذِ اُسْتَاذِنَا
وَمَشَايِخِنَا وَلِمَنْ كَانَ لَهُ حَقٌّ عَلَيْنَا * وَلِجَمِيعِ الْمُؤْمِنِينَ
وَالْمُؤْمِنَاتِ وَالْمُسْلِمِينَ وَالْمُسْلِمَاتِ الْاَحْيَاءِ مِنْهُمْ
وَالْاَمْوَاتِ * يَا قَاضِيَ الْحَاجَاتِ وَيَا مُجِيبَ الدَّعَوَاتِ *
اِسْتَجِبْ دُعَائَنَا بِرَحْمَتِكَ يَا اَرْحَمَ الرَّاحِمِينَ * وَسَلَامٌ
عَلَى الْمُرْسَلِينَ * وَالْحَمْدُ لِلّٰهِ رَبِّ الْعَالَمِينَ الْفَاتِحَةْ *

HATİM DUÂSI ANLAMI

Hamd, Rabb'ul-âlemîn olan Allah'a; güzel akibet ise O'ndan sakınan muttakîlere mahsustur. Husûmet sadece zâlimleredir. Salât ve selâm, Peygamber efendimiz Hz. Muhammed'in, âlinin ve ashabının üzerine olsun!

Rabbimiz! (Okunan şu hatm-i şerif'i) bizden kabul buyur! Muhakkak ki sen Semî ve Alîm olansın! Mevlâmız! Tövbelerimizi kabul buyur! Muhakkak ki sen Tevvab ve Rahîm olansın! Bize hidayet et; Kur'an-ı Azîm'in bereketi ve âlemlere rahmet olarak gönderdiğin Peygamberimizin hürmetine bizi hakka ve sırat-ı müstakim'e muvaffak eyle! Ey Kerîm, ey Rahîm! Bizi affet, fazl ve kereminle günahlarımıza mağfıret eyle ey ekrem'ul-ekremîn! Rabbimiz! Bizi Kur'an zînetiyle beze, Kur'an'ın keremiyle bize ikram et, bizi Kur'an'ın şerefiyle şereflendir, bize Kur'an kaftanını giydir, bizi Kur'an'ın şefaatiyle cennete koy, bize her türlü dünya belâsından, ahiret azabından Kur'an hürmetine afiyet ihsan eyle! Ey Rahmân, ey Rahîm! Ümmet-i Muhammed'in tamamına merhamet eyle! Rabbimiz! Fazl ve kereminle Kur'an'ı bize dünyada yoldaş, kabirde arkadaş, kıyamet gününde şefaatçi, sırat üzerindeyken nûr, cennete ulaşıncaya değin refik, ateşten koruyacak perde, hayırların tamamına erdirecek delil ve imam kıl yâ Kerîm!Rabbimiz! Kur'an'ın hidayetiyle bize hidayet et, Kur'an'ın kerametiyle bizi ateşlerden koru, Kur'an'ın fazlıyla derecelerimizi yükselt, Kur'an'ın tilaveti hürmetine günahlarımızı ört!

Ey fazl ve ihsan sahibi olan Rabbimiz! Kur'an'ın hürmetine kalplerimizi pâk eyle, ayıplarımızı ört, hastalıklarımıza şifa ver, bize borçlarımızı ödeme (kolaylığı) nasip et, yüzlerimizi ak eyle, derecelerimizi yükselt, babalarımıza rahmet, analarımıza mağfiret eyle, dinimizi ve dünyamızı ıslah ediver, düşmanlarımızı kahret; ailemizi, mallarımızı, topraklarımızı her türlü hastalıktan ve belâdan koru, ayaklarımızı (savaşlarda) sâbit kıl ve kâfirler karşısında nusretini bizden esirgeme! Rabbimiz! Okuduğumuz Kur'an'ın sevabını ve nûrunu, Peygamber Efendimiz Hz. Muhammed'in (s.a) ruhuna, gelmiş-geçmiş tüm nebi ve rasûllerin (s.a) ruhlarına, enbiya-yı kiram'ın yakınlarının, çocuklarının, hanımlarının, arkadaşlarının, tâbilerinin ve tüm zürriyetlerinin (s.a) ruhlarına ve ayrıca babalarımızın, analarımızın, kız ve erkek kardeşlerimizin, çocuklarımızın, akrabalarımızın, sevdiklerimizin, dostlarımızın, hocalarımızın, hocalarımızın hocalarının, meşayihimizin, üzerimizde hakları olan herkesin, erkek-kadın mü'min ve müslimlerden hayatta olan veya vefat etmiş bulunanların ruhlarına ulaştır yâ Rabbî! Ey hâcetleri edâ, duâları kabul eden, ey erham'ur-râhimîn olan Rabbimiz! Rahmetinle dualarımızı kabul eyle! Selâm Peygamberlerin üzerine olsun! (Başta da sonda da) hamd, Rabb'ul-Âlemîn olan Allah Teâlâ'ya mahsustur! (el-Fâtiha!)

32 FARZ

İmanın Şartları: 6

01- Allah'ın birliğine inanmak.
02- Allah'ın meleklerine inanmak.
03- Allah'ın kitaplarına inanmak.
04- Allah'ın Peygamberlerine inanmak.
05- Öldükten sonra dirilmeye inanmak.
06- Hayır ve şerrin Allah'tan olduğuna inanmak.

İslamın Şartları: 5

07- Namaz kılmak.
08- Oruç tutmak.
09- Zekât vermek.
10- Hacc'a (Kâbe'ye) gitmek.
11- Kelime-i Şehâdet getirmek.

Abdestin Farzı: 4

12- Yüzünü, alnının kıl hizasından çene altına kadar yıkamak.
13- Kollarını dirsekleriyle birlikte yıkamak.
14- Başının dörtte birini meshetmek.
15- Ayaklarını topuklarına kadar yıkamak.

Gusülün Farzı: 3

16- Ağzı üç defa bol su ile yıkamak.
17- Burnunu üç defa bol su ile yıkamak.
18- Bütün bedeni kuru yer kalmadan yıkamaktır.

Teyemmümün Farzı: 2

19- Önce teyemmüme niyet etmek.
20- İki elini pâk toprağa vurup yüzüne sürmek, ellerini bir daha vurup kollarına sürmek.

Namazın Farzı: 12

Dışındakiler:

21- Hadesten tahâret (Abdest almak, gusül etmek, yani bütün bedeni yıkamak).
22- Necâsetten taharet. (Beden ve namaz kılacağı yerin temiz olması).
23- Satr-i avret (avret yerini örtmek).
24- İstikbâl-i kıble (kıbleye dönmek).
25- Vakit (vakitleri bilmek).
26- Kılacağı namaza niyet etmek.

İçindekiler:

27- İftitahn tekbiri (namaza başlarken "Allahu Ekber" demek).
28- Ayakta durmak (kıyâm)
29- Kur'an-ı kerîm okumak (kırâat).
30- Rükû etmek (Elleri dizlere koyarak eğilmek).
31- Secde etmek.
32- Son tahiyyâta oturmak (ka'de-i âhire).

54 FARZ

1- Allah'a ortak koşmamak... münâfıklıktan, insanı küfre sürükleyen sözlerden sakınmak.

2- Tam bir îmân sahibi olmak ve Cenâb-ı Hakk'ı anmak.

3- Temiz giyinmek ve her tarafını pâk tutmak.

4- Boy abdesti almak, rahatsız olduğu veya su bulamadığı takdirde teyemmüm etmek.

5- Yiyeceği ve içeceği şeylerin hâram olmamasına dikkat etmek.

6- Abdest almak.

7- Beş vakit namaz kılmak, aile efradına namaz kılmaları tavsiye etmek.

8- Cenâb-ı Hakk'ın rahmetinden ümidi kesmemek.

9- Falcı ve kâhinlerin, gayptan haber verenlerin sözlerine inanmamak.

10- Fesat karıştırmamak, hiç bir şeyi uğursuz saymamak.

11- Kötü ahlâklı, âsi kimselerle arkadaş olmamak, hakaret edilecek şeye hürmet etmemek.

12- Âhirete inanmak ve dünyada iyi ve faydalı işler yapıp, durmadan çalışmak.

13- Harpte düşmandan kaçmamak, vatan uğrunda seve seve çarpışmak.

14- Adam öldürmemek.

15- Ana ve babaya karşı gelmemek, onlara ve akrabaya yardım etmek, akrabaların ziyaretlerine gitmek.

16- Fâizle tefecilik yapmamak.

17- Kimseye iftra atmamak.

18- Yetime iyi muamele etmek ve malını yememek. Mirasta tam hakkını vermek.

19- Zinâ etmemek, gayri meşrû bir şekilde yabancı bir kadınla cinsî münâsebette bulunmamak.

20- Cinsî sapıklıktan ve bu gibi kötü ahlâksızlıklardan sakınmak.

21- Tam bir sadâkat ve hulûsla işlenen günâhlardan tevbe ve istiğfar etmek.

22- Ölümü hak bilmek ve Allah korkusunu daima göz önünde ve hatırda tutmak.

23- İnsanı fenalığa sevkeden şeytana ve nefse uymamak.

24- Bilgi edinmek ve her sanatta ve fende diğer milletlerden aşağı kalmamak.

25- Doğruluktan ayrılmamak.

26- Bütün varlığıyla faziletsever olmak.

27- Zekât vermek.

28- Bunu yapma kudreti olduğu takdirde bir kere Hacc'a gitmek.

29- Kalbi kinden, hıyanetten, hasetten ve bütün günahlardan temizlemek.

30- Hayatını bile bile tehlikeye atmamak, intihara kalkışmamak.

31- Allah'a, Peygamberine ve büyüklere itâat etmek.

32- Farzları öğrenmek, öğretmek, Kur'an-ı kerîm'i okuyup, Allah'ın buyruklarını
yerine getirmek.

33- Hayırlı teşebbüsleri teşvik etmek, hayır işlemek, fenâ ve zararlı şeylerden
herkesi sakındırmak.

34- İbâdeti gösteriş için yapmamak.

35- Allah'ın verdiği nimetlere şükretmek.

36- Azamet ve gurur taslamamak, mü'min kardeşi küçümsememek.

37- Sabırlı olmak.

38- İş güç sahibi olmak, tembellik ve miskinliği bırakmak.

39- Emanete hıyânet etmemek, her işte âdil ve insaflı olmak.

40- Tartıda, ölçüde hile yapmamak.

41- Nikâhı haram olanları ve müşrik kadını nikâhlamamak.

42- Domuz etini, murdar olan şeyi yememek.

43- İçki içmemek.

44- Kumar oynamamak.

45- Fitneden, riyâkârlıktan sakınmak, fena dedikodular yapmamak.

46- Komşu hakkını gözetmek.

47- Kimseye eziyet etmemek.

48- Hayız ve nifasta olan eşine yaklaşmamak.

49- Zulüm yapmamak, evcil hayvanlara iyi bakmak ve işkence yapmamak.

50- Küçük günah işlemekte ısrâr etmemek.

51- Kimsenin malına tecavüz etmemek. Hırsızlık ve eşkıyâlık gibi suçları işlememek.

52- Verilen sözü tutmak, ahdi bozmamak.

53- Yalan şehâdette bulunmamak.

54- Millet ve memleket menfaatlerini her şeyden üstün tutmak.